KB091490

나를 지키는 셀프 보안

초보 이대리의 보안 성장기

나를 지키는 셀프 보안

초보 이대리의 보안 성장기

이창현 지음

i!i
에이콘

지은이 소개

이창현 (medicurity@gmail.com)

프로그램을 작성하고 눈앞에서 구현되는 매력에 빠져 개발자로 사회생활을 시작했다. 10여 년간의 개발자 생활 후 보안장비, 네트워크, 서버 등 인프라를 관리하는 업무를 담당했다. 장비의 숲속에서 일하게 되면서 조각조각 나뉘어 있던 전산에 대한 지식들이 체계화돼 갔다. 각종 보안장비를 관리하고, 보안정책을 수립하는 업무를 수행하면서 우리가 얼마나 보안에 대해 무지하며 관심 또한 없는지를 알게 됐다. 보안에 대한 관심으로 정보 보안기사와 개인정보 영향평가 인증원 자격을 취득하고, 정보관리기술사를 취득했다.

현재 ㈜레몬헬스케어에서 이사로 재직 중이며, 경희의료원 ISMS 컨설팅 프로젝트에 참여했다.

지은이의 말

인터넷이 보급된 지 20년, 스마트폰이 개발된 지 10년이 지났습니다. 그 기간 동안 우리의 생활은 인터넷과 스마트폰을 중심으로 재편됐으며, 잠시라도 스마트폰을 손에서 떼지 못하고 있습니다. 작은 스마트폰 속에 컴퓨터, TV, 다이어리, 카메라, MP3 플레이어 등 필요한 거의 모든 기능이 들어있으며, 산업구조 역시 바뀌었습니다. 대형 인터넷 쇼핑몰이 성업 중이며 그에 따라 택배업이 발전하게 되었습니다. 은행 업무 또한 인터넷을 통해 수행해 은행의 지점 수는 점점 줄어들고 있습니다.

급속한 전산화와 인터넷화로 인해 업무의 효율성은 강조되는 반면, 보안은 업무 효율성을 저해하는 요소로 인식되어 무시되거나 거의 투자하지 않았습니다. 개인정보유출 사고가 여러 번 터진 후에야 법적인 규제가 생겨나기 시작했고, 기업들은 마지못해 따르는 듯한 모양새를 보이고 있습니다. 사용자 역시 보안은 어렵고 귀찮은 분야로 생각해 관심 갖지 않고, "무슨 일 생기겠어?"라는 안이한 생각을 갖고 있는 편입니다. PC와 스마트폰을 통해 은행거래를 수행하면서 프로그램 업데이트하지 않고, 백신조차 설치하지 않은 경우도 많습니다.

이런 취약점을 노리는 수많은 범죄가 발생하고 있으며, 해킹, 랜섬웨어, 사생활 침해 등 보안침해 사고가 매일 뉴스를 장식하고 있습니다. 그럼에도 불구하고 보안은 알기 어렵고 전문적인 영역으로 생각돼 왔습니다. 보안에 대한 기술적인 부분은 꽤 어렵습니다. 그러나 우리가 조금만 더 관심을 갖게 된다면 보안은 그리 어렵지만은 않습니다. 기술적인 부분을 몰라도 잘 사용하기만 해도 충분합니다.

일상 생활에서 일어나는 모든 보안 사고를 이 책에 다 담을 수는 없었지만, 실생활에서 경험하게 되는 많은 사례를 발굴해 담으려고 노력했습니다. 이 책을 통해 최소한의 보안에 대한 생각, 즉 보안마인드를 갖게 된다면 우리의 소중한 정보와 재산을 지켜낼 수 있을 것입니다.

우리의 소중한 정보자산, 아는 만큼 지킬 수 있습니다.

이 책이 세상에 나올 수 있도록 도와주신 에이콘출판사 권성준 사장님과 '내 인생의 첫 책쓰기' 프로그램에서 지도해 주신 오병곤 기술사님과 도움을 주신 7기 여러분, 책을 교정해 주고 영감을 준 김정한 선생님, 이운주 수석님, 심지현 수석님, 이준석님에게 감사의 말씀을 드립니다. 이 책을 쓰는 동안 고생한 아내 미라와 주말을 함께하지 못한 인섭과 윤정에게 고마움과 미안함을 전합니다. 사랑하는 어머니와 하늘에 계신 아버지께 이 책을 바칩니다.

추천의 글

저자는 선비처럼 결이 좋고 무사처럼 선이 굵은 사람이다. 섬세하지만 뚝심이 있다. 그가 책을 쓰고 싶다는 꿈을 품고 나를 찾아왔고, 나는 저자를 오랫동안 지켜보았다. 마흔의 홍역이 그를 찾아와 책을 쓰는 과정은 순탄치 않았지만, 그는 포기하지 않고 꾸준히 책을 써 내려갔다. 책을 쓰면서 저자는 창작을 하는 사람이지만 책이 가리키는 운명을 살아가는 존재라는 사실을 깨달았을 것이다. 그는 책을 통해 인생의 전환을 맞이했으며 대중적인 보안 전문가로 거듭나게 되었다.

바야흐로 현대 사회는 '4차 산업혁명'이 미래의 핵심 키워드로 급부상하면서, 경계가 허물어지고 지식과 기술이 융합하는 기술 혁명의 시대, 사람과 사물 등 모든 것이 연결된 초연결사회 hyper-connected society 로 진입하고 있다. 인터넷에 연결된 기기가 사람의 개입 없이 상호간에 정보를 교환하는 사물인터넷 Internet of Things 기술, 기하급수적으로 증가하는 데이터를 분석해 고객 요구를 파악하고 새로운 비즈니스 전략을 수립하는 빅데이터 Big Data 기술, 자율 주행 자동차나 가정용 로봇 같이 인간 지능과 관련된 인공지능 AI, Artificial Intelligence 기술, 온라인 금융결제와 편리한 전자상거래를 촉진시키는 핀테크 fintech 기술 등 미래기술은 이제 우리 앞에 성큼 다가왔다.

미래기술이 대두됨에 따라 보안 또한 중요시되고 있다. 이런 기술로 인해 업무 효율이 증가하고 삶의 질이 높아졌지만 정보의 유출, 침해, 악용 등 부작

용도 발생한다. 보안 취약점으로 인해 피해 규모는 기하급수적으로 증가하는 추세다. 최근에 발생한 랜섬웨어 Ransomware 로 인한 피해는 전 세계적으로 발생했으며 또 다른 변종의 출현을 예고하고 있다. 작용과 반작용처럼 신기술의 장점 이면에 취약점이 존재하며, 따라서 취약점 공격에 대한 방어, 즉 보안이 필수적이다.

그러나 보안은 전문가의 영역으로 간주되어 일반인들은 개념조차 이해하기 어려워하며 위협에 속수무책인 현실에 처해있다. 일반인들은 컴퓨터와 스마트폰을 매일 사용하며 스팸 문자와 메일을 수시로 받고 해커와 보이스피싱 정도는 알지만, 현실 세계에서 보안 문제는 복잡하고 다양하게 나타나기 때문에 보안을 이해하고 자구책을 강구하기가 쉽지는 않다.

이 책은 아마도 국내에서 출간된 최초의 보안 대중서일 것이다. 이 책은 보안이라는 낯설고 어려운 주제를 하늘에서 땅으로 내려오게 한 보안의 전령사이며, 일반인들이 실생활에서 접할 만한 이야기를 통해 자립 보안의 길로 안내하는 가이드다. 이 책을 통해 독자들이 보안의 필요성을 절실히 느끼고 일상에서 보안을 실천하는 계기가 되길 바란다. 보안, 아는 만큼 지킬 수 있다.

오병곤

터닝포인트 경영연구소 대표, 정보관리 기술사,
『실용주의 소프트웨어 개발』(로드북, 2017년)의 저자

들어가며

현대를 살아가는 우리들은 단 하루라도 컴퓨터 없이 살기에는 불편한 시대를 살아가고 있다. 아침에 눈을 뜨면 바로 손에 들고 다니는 컴퓨터인 스마트폰을 통해 새로 온 메시지가 없는지 확인하고, 식사준비를 하면서 오늘의 날씨를 확인한다. 또 출근하면서 음악을 듣고 비디오를 보거나 신문기사를 검색한다. 회사에 출근하자마자 컴퓨터를 켜서 메일을 확인하고, 동료들과 메신저를 통해 소통하고 있으며, 회사의 그룹웨어를 통해 기안을 하고 결재를 요청한다. 회사 내 정보는 지식관리시스템에 모여 있고, 문서로 남아있는 자료들은 컴퓨터에 입력된다. 잠깐 짬이 나서 쉴 때에도 네트워크로 연결된 게임을 하거나 쇼핑을 하며, 컴퓨터나 스마트폰을 통해 은행업무나 증권거래도 가능하다. 건물 내에 설치된 비콘 Beacon 과 통신을 통해 건물에서 내비게이션을 이용할 수도 있다.

2017년을 살아가는 보편적인 사람들은 잠자는 시간을 제외하고는 항상 연결된 connected 삶을 살아간다고 말할 수 있다. 불과 10년 전에는 오늘날 같은 사회를 상상하기는 힘들었다. 휴대폰이 보급되기는 했지만 주로 음성통화와 문자를 이용했고, 휴대폰을 통한 인터넷은 어렵고 비싸며 느리고 화면도 작았다. 통신기술의 발전과 컴퓨터, 스마트폰의 발전은 연결된 사회를 확장되게 만들었다.

빛이 있으면 그 빛에 가려져서 그림자가 생기기 마련이다. 컴퓨터로 연결된 세상의 편리함에 익숙해지고 있을 때, 서버에 집중된 데이터를 노리는 집단들이 생겨나기 시작했다. 그 편리함을 이용해 자신들의 이익을 취하려는 집단도 생기기 시작했다. 그냥 재미로, 경제적인 이익을 위해, 사적인 복수를 위해, 정치적인 목적을 위해 다른 사람의 컴퓨터를 해킹했다. 그리고 국가는 개인을 감시하기 위해 인터넷을 지켜보고 있으며, 인터넷에 올라온 개인의 삶은 그를 노리는 스토커와 테러 예방을 빙자해 국민의 사상을 점검하려는 국가에 의해 감시되고 있다고 할 수 있다.

기업의 기밀정보와 개인의 소중한 정보는 각 기업의 데이터베이스에 차곡차곡 쌓였다가 해커들의 공격에 의해, 내부자의 악의 또는 실수에 의해 몇 번이나 유출됐다. 어떤 회사에서는 몇 년간의 연구를 통해 간신히 개발한 최신 기술을 직원들이 빼돌려서 거액을 받고 경쟁사나 경쟁국으로 넘기기도 했다. 이는 기업에서 정보보안이 곧 기업의 사활을 좌우하는 시대가 됐음을 의미한다. 이런 상황에서도 일부 보안의 중요함에 눈을 뜬 기업을 제외한 대부분의 기업은 보안을 예산 먹는 하마로 보거나 업무 효율을 방해하는 훼방꾼처럼 생각하는 게 일반적이다.

국내에서는 아직 보안에 대한 법규와 제도가 만들어져 확산되는 단계이고, 보안에 대한 긍정적인 인식들이 서서히 전파되는 단계다. 보안이나 해킹에 대한 책도 출판되고 있으나, 기술적인 서적들이 많아 일반인들이 처음 접하기에는 어려운 점이 많았다.

『나를 지키는 셀프 보안』은 기술적인 부분은 최대한 배제하고, 개념적인 이해를 위해 설명하려고 노력했다. 컴퓨터와 스마트폰을 이용하지만 보안을 잘 모르는 일반인도 보안이 무엇인지 알 수 있도록 썼다. 이 책을 통해 우리 주변에서 간단히 실천할 수 있는 방법과 간과하기 쉬운 취약점 등을 살펴본다. 이 책을 통해 보안의 중요성을 깨닫고 생활 속에서 실천하는 보안 마인드를 갖게 됐으면 좋겠다.

이 책은 1장 PC 보안, 2장 인터넷 보안, 3장 프라이버시, 4장 모바일 보안으로 구성돼 있다.

1장 'PC를 지켜라'는 업무와 가정생활에서 필수적으로 사용하는 컴퓨터에서 반드시 지켜야 하는 보안에 대해 기술한다.

2장 '인터넷 세상 속으로'에서는 인터넷에 연결된 컴퓨터에서의 주의사항과 보안침해 사례 등에 대해 기술하며, 인터넷의 안전한 사용에 대해 설명한다.

3장 '내 프라이버시는 내가 지킨다'에서는 인터넷에 올라온 개인정보 침해에 대한 다양한 사례를 통해 SNS를 비롯한 인터넷에 개인정보를 게시하는 것이 얼마나 위험한지에 대해 얘기하고, 작은 정보들을 모으면 전체적인 큰 그림이 그려진다는 점을 설명한다.

4장 '지금은 스마트폰 시대'에서는 PC에서 모바일로 트렌드가 옮겨감에 따라 다양한 보안문제들도 모바일로 옮겨가게 됐고, 어떻게 하면 소중한 개인정보를 지킬 수 있는지 확인한다.

목 차

1장 PC를 지켜라

2장 인터넷 세상 속으로

회사 및 등장인물 소개

회사 소개

다팔아닷컴

온라인에서 판매자와 소비자를 연결하는 오픈 마켓으로 대형 오픈마켓이 점유하지 못한 틈새시장을 노려 판매자와 소비자에게 좋은 반응을 얻고 있다. 연 매출은 약 1000억원 정도의 중소 마켓이다.

등장인물 소개

이철벽 대리

다팔아닷컴의 웹 기획자. 컴퓨터에 관심이 많기는 하나 기술적으로는 크게 관심을 갖고 있지 않다. 봄철 사이트 개편 기획안 작성 중 랜섬웨어에 감염되면서 작업하던 파일이 암호화돼 다시 작업하는 것을 계기로 보안에 관심을 갖게 됐다. 그 후 다팔아닷컴의 시스템 팀장인 박보안 과장에게 보안에 대해 배우게 된다.

박보안 과장

다팔아닷컴의 시스템 운영팀장으로 쇼핑몰을 운영하면서 발생하는 많은 보안침해 사례 덕분에 평소 보안에 대해 관심이 많았다. 랜섬웨어에 걸린 이철벽 대리를 도와주며 보안에 대한 개념을 교육하고, 스스로 공부할 수 있도록 가르친다. 이철벽 대리와 2달 정도 보안교육을 하던 중, 다팔아연구소에 정보보안 관리체계 구축을 위한 프로젝트에 투입된다.

김미란

이 대리의 여자친구. 평소에 성격이 급하면서 덤벙거리고, 보안에 대한 생각이 전혀 없었으나 이 대리와 함께 실생활에서 일어나는 보안침해 사고를 경험하며 인식이 바뀌어 나간다.

홍고독 대리

이철벽 대리의 동기. 같은 회사이기는 하지만 근무하는 부서가 서로 달라서 자주 보지는 못한다. 가끔 만나서 커피 한 잔을 하는 정도. 여자친구 없이 혼자 사는 홍 대리는 퇴근 후 무료한 시간에 랜덤 채팅을 하다가 몸캠사기단의 유혹에 빠져 피해를 입게 된다.

경찰청 사이버수사대 백신임 경장

경찰청 사이버수사대에 근무하는 화이트 해커. 수사에 필요한 포렌식forensic과 출중한 해킹 기술로 경찰청 사이버수사대에서 신임을 받고 있다. 가끔 이 대리와 만나기도 하고, 통화를 통해 보안을 배우는 이 대리를 격려하고 필요한 자료를 전달해 준다.

권자유

다팔아닷컴의 전산실 직원. 자유분방한 성격으로 털털하다. 이 대리에게 미란을 소개해줬다. 고집이 세서 자신의 입장을 관철시키려고 하며, 말괄량이 같은 성격을 갖고 있다. 무언가에 얽매이기 싫어하나 외로움을 타서 강아지를 분양받아 키운다. 여행을 좋아하고 자신만의 시간을 즐기는 편이며, 동남아로 여행을 갔을 때 사용한 신용카드 정보가 유출돼 이 대리에게 도움을 청한다.

마관리 부장

다팔아닷컴의 전산실장. 보안에 대해서는 잘 모르는 전산 1세대로 최근 이슈가 되는 해킹으로부터 쇼핑몰을 보호하기 위해 골치가 아프다. 다팔아닷컴에 정보보호 관리체계인증ISMS을 미루다가 과태료를 부과 받으면서도 버티었으나, 과태료 인상으로 다팔아연구소에 먼저 정보보호 관리체계를 적용하기 위해 박보안 과장을 프로젝트에 투입한다.

박허영

미란의 회사 선배. SNS를 즐기며 사진 찍어 올리기를 좋아한다.

프롤로그

불타는 금요일 오후

이 대리는 다음 주 월요일에 발표할 기획안의 초안을 완성하고 한숨을 돌린다.

이철벽 휴, 주말에 출근할 뻔했네.

하마터면 두 달 전에 소개팅으로 만난 여자친구와의 자전거 하이킹이 무산될 뻔했다. 행복한 데이트 생각에 이 대리의 얼굴에 절로 미소가 지어졌다. 경험상 초안을 바로 편집하기보다는 정신을 다른 곳에 잠시 집중한 뒤 다시 훑어보는 편이 더 효율적이었기에 평소 자주 방문하는 웹사이트를 방문했다

웹사이트 광고: 주말 데이트 계획 있으신가요?

이 대리는 눈을 끄는 게시물을 읽기 시작했다. 이벤트에 참가하면 주말에 이용할 수 있는 레스토랑 이용권을 준다는 내용이었다.

이철벽 오! 데이트에 딱 좋은 이벤트군!

첨부 파일을 설치해야 이벤트에 참가할 수 있다는 설명에 이 대리는 별다른 생각 없이 게시물의 첨부파일을 내려받아 실행했다.

이철벽 어, 컴퓨터가 갑자기 왜 이렇게 느려지지?

문서가 저장된 폴더에는 처음 보는 아이콘이 생성되고 있었다. 작업관리자를 실행

하기 위해 Ctrl-Alt-Del 키를 눌러봤지만 작업 관리자조차 실행되지 않자 급한 마음에 전원 버튼을 눌러서 컴퓨터를 껐다.

뭔가 이상함을 느낀 이 대리는 잠시 상황을 정리했다.

이철벽 뭘까? 굉장히 이상했는데 바이러스일까? 하필이면 발표자료 완성 시점에 이런 일이 일어난 거야?

결국 이 대리는 전산팀에서 컴퓨터 하드웨어와 최신트렌드에 가장 능통한 박보안 과장에게 문의했다.

박보안 파일을 설치하자마자 폴더에 이상한 파일이 생기면서 컴퓨터가 굉장히 느려져서 컴퓨터를 강제로 껐다 이거지?

이철벽 네. 갑자기 컴퓨터가 느려지면서 하드디스크 동작 램프가 계속 켜지너라구요. 뭔가 이상해서 컴퓨터를 강제로 껐어요..

박보안 음. 요즘 유행하는 랜섬웨어인 것 같은데?

이철벽 랜섬웨어요? 그게 뭔데요?

박보안 일단은 컴퓨터 상황부터 확인하면서 얘기하자. 월요일에 발표할 자료를 살려야 한다면서?

이철벽 아, 네

박 과장은 능숙하게 컴퓨터를 분해해 하드디스크를 꺼낸 후, 외장하드케이스에 넣어 자신의 컴퓨터에 연결했다.

박보안 이런, 랜섬웨어 맞네. 랜섬웨어는 인질을 뜻하는 랜섬ransom과 프로그램을 뜻하는 웨어^{ware}가 합쳐져서 만들어진 용어인데, 파일을 암호화해 사용할 수 없도록 한 다음에 해제할 때는 파일의 몸값을 해커에게 줘야만 암호를 해제할 수 있어. 지금 상황은 그러니까 한마디로 곤란한 상황이지.

이철벽 으아~ 월요일에 발표할 자료는 어떻게 됐지?

이 대리는 자신이 작성하고 있던 월요일 발표자료 파일을 확인했다. 발표자료 파일의 확장자는 이상한 것으로 바뀌어 있었다.

이철벽 그럼 이제 어떻게 해요?

박보안 해커에게 50만원에 상당하는 비트코인을 송금한 뒤 암호 해제키를 받거나, 파일을 다시 만들어야지 뭐. 그런데 해커에게 돈을 준다 해도 암호 해제키를 받을 수 있을지 없을지 모른데.

이 대리는 눈이 캄캄해졌다.

이철벽 50페이지나 되는 발표 자료를 이제 어떻게 하지?

박 과장은 백신프로그램을 가동해 이 대리의 하드디스크를 검색했다.

박보안 봐. 랜섬웨어 프로그램이 있잖아.

이 대리는 백신프로그램에서 발견된 랜섬웨어 프로그램을 눈으로 확인했다.

박보안 항상 작업이 끝나면 중요 파일은 백업해 놓아야 하는 거야. 세상에 무슨 일이 일어날 줄 알아?

박 과장의 잔소리가 들려왔다

마관리 이상으로 홈페이지 기획안 발표를 마치겠습니다.

마 부장의 마무리 발언을 끝으로 이번 기획안 발표가 끝났다.

이철벽 휴, 주말 내내 꼬박 투자해서 다시 작업해 겨우 마무리했네.

발표장에 함께 있던 박 과장이 한숨을 돌리고 있는 이 대리를 보며 한마디 했다.

박보안 이 대리. 고생 많았어. 앞으론 근무시간에 이상한 사이트 들어가지 말고 열심히 일해. 알았지? 그리고 인터넷에서 다운로드한 프로그램 설치는 신중에 신중을 기해서 해야 해. 이번 사건을 계기로 보안에 대해 좀 더 생각해 보라구.

이철벽 '내가 그러고 싶어 그랬나. 어쩌다 보니 그렇게 된 거지'

이 대리는 자신이 잘못해서 생긴 일은 맞지만, 그래도 기분은 좋지 않았다.

점심을 먹고 난 이 대리는 의자에 기대어 쉬면서 이번 사건에 대해 생각했다. 쇼핑몰 웹기획자로 일하면서 보안에 대해 고려해야 할 내용이 늘어나고 있었고, 법적인 규제도 심해지는 추세인 점은 익히 알고 있었다.

이철벽 '이번 기회에 보안에 대해 공부해 볼까?'

이 대리는 자기보다는 컴퓨터와 보안에 대해 더 잘 아는 능력자 박 과장에게 물어보기로 했다.

박보안 보안에 대해 공부해 보고 싶다 이거지?

이 대리의 얘기를 들은 박 과장은 다시 반문했다.

박보안 랜섬웨어로 데이터 좀 잃은 것 때문에 보안을 공부하겠다는 시도는 좀 무리인데? 보안이 만만한 분야는 아니란 말이야. 그건 알지?

이철벽 네. 보안 분야가 어려울 것 같아요. 기술적으로도 많이 알아야 하고, 트렌드도 빨리 바뀌는 것 같구요. 그렇지만 앞으로도 웹기획자로 일하려면 보안을 알아야 한다고 생각합니다. 가르쳐 주실 수 있으신가요?

박보안 공부하고 싶다는데 도와줘야지. 보안은 주변에 있는 작은 부분에 신경 쓰는 것부터 시작해야해. 우선은 우리 주변에 있는 PC와 이제는 생활과 떨어질 수 없는 인터넷, 인터넷이 보편화되면서 생긴 프라이버시 문제, 인터넷이 스마트폰 안에 들어와서 생긴 모바일 보안에 대해 살펴보면 될 것 같아. 매일 조금씩 공부하는 것이 가장 좋지만, 직장인이 시간을 따로 내긴 힘드니까……. 시간 될 때 조금씩 배워보자구.

박 과장은 공부를 하겠다는 이 대리의 부탁을 들어줬다.

PC를 지켜라

내 주변의 보안 위험부터 알기

박보안 이 대리, PC 보안에 대해 공부하기 전에 우리 주변에서 보안이 필요한 순간에 대해 생각해 봐야할 것 같아. 이 대리가 사무실에서 잠깐 딴짓할 때 부장님이 지나가시면 이 대리는 어떻게 해?

이철벽 보던 화면을 작업하는 화면으로 바꿔요. 엑셀이나 파워포인트 같은 화면으로 바꾸죠. 알트 ^{Alt} 키와 탭 ^{Tab} 키를 동시에 누르면 프로그램을 빠르게 바꿀 수 있어요. 요즘 인터넷 메신저 프로그램은 채팅창 바탕을 엑셀처럼 해 놓아서 참 좋아요.

이 대리가 넉살 좋게 얘기한다.

박보안 이 대리가 근무시간에 그렇게 한단 말이지? 알았어.

이철벽 에이, 박 과장님이니까 말씀드리는 거죠. 딴짓 안 할게요.

박보안 그건 그렇고 하던 얘기 계속하자. 생각보다 많은 정보가 모니터를 통해 빠져나가고 있어. 모니터를 어깨너머 쳐다보는 것만으로도 많은 정보가 빠져나갈 수 있지. 실제로 입력하는 키보드를 슬쩍 쳐다보는 것으로도 비밀번호를 알아낼 수 있거든. 보안 관련 영화를 보니까 주인공이 비밀번호가 유출되는 것을 막으려고 담요를 뒤집어쓰고 비밀번호를 입력하더라니까.

✔ 그림 1-1 담요를 쓰고 화면과 키보드 입력 노출을 피하는 모습

이철벽 그것도 그렇지만, 사실 다른 사람이 지나가면서 모니터를 쳐다보는 것도 기분이 나빠요.

박보안 기분이 나쁜 것도 문제지만, 정보도 새어 나가니 더더욱 문제지. 그래서 많은 사람이 보안필름을 설치해서 다른 사람이 모니터에 표시된 정보를 알지 못하도록 해. 보안필름은 모니터의 빛을 어느 정도 차단해 주기 때문에 눈이 덜 피로해서 모니터를 오랫동안 봐야 하는 사람들에게 도움도 되지.

박 과장은 우리가 매일 사용하는 컴퓨터의 모니터에서 정보가 새어나갈 위험과 키보드로 비밀번호를 입력하는 그 찰나의 순간도 조심해야 한다고 강조했다.

박보안 요즘 회사에서는 문서 보안 프로그램을 도입해서 문서 유출과 문서의 출력물에 대한 보안도 강화하고 있어. 프린트를 할 때 배경화면에 회사의 로고를 배경으로 프린트하고, 외부에 유출이 돼 문제가 되면 누가, 언제, 어떤 컴퓨터에서 출력했는지 확인할 수도 있어.

이철벽 기사에서 봤는데, 출입할 때 공항검색대처럼 검색하는 곳도 있다고 들었어요.

박보안 맞아. 내 동기가 은행에서 개발하고 있는데, 그곳은 USB와 태블릿 같은 기기를 찾기 위해 검색대를 세우고 휴대용 금속탐지기로 검색한대. 재미있는 사실은 출입할 때마다 매번 그런다는 거야. 중간에 담배 한 대 피우기 위해 밖에 나갈 때나 들어올 때 모두 검색을 하니 하루에도 10번 이상 검색을 하는 셈이지.

이철벽 그렇게까지 할 필요가 있을까요?

박보안 글쎄, 보안은 무엇을 얼마나 지킬지에 대한 의지잖아. 만약 그곳이 연구소라고 생각을 해봐. 몇 년 동안 많은 비용을 투자해 개발을 완료했는데 USB나 프린트 몇 장으로 정보가 유출된다면 회사의 존립 자체가 위협받을수도 있을 거야. 그런 회사라면 당연히 보안정책을 강력하게 세울 수밖에 없고, 회사에서 강력한 의지를 갖고 추진한다면 아무래도 정보유출을 시도하는 사람이 줄어들지 않을까?

이철벽 아하, 보안정책이 강력하다면 스스로 조심하는 효과가 있겠네요.

박보안 아마 그런 효과를 노리고 시행하는 걸 거야. 구성원의 불편보다는 정보가 훨씬 중요하니까, 많은 사람의 불편함은 두 번째인 거지. 아! 맞다. 보안 검색대에서 검출되는 특수지가 있다고 들었어. 그 특수지에는 금속이 있어서 검색대를 통과하지 못하겠지. 문서조차도 유출이 되면 안 되는 곳에서는 유용할 거야.

이철벽 그런다고 해도, 새나갈 정보는 다 나가지 않을까요? 신문에서 보니까 산업스파이들은 온갖 장치를 통해 빼내 간다고 하더라구요.

박보안 그렇다고 해도 손 놓고 있을 수는 없지. 보안을 뚫는 기술이 발전한다면 그것을 막는 기술도 발전하거든. 창과 방패지. 문제는 '열 사람이 지켜도 한 도둑 못 막는다.'는 속담처럼 사후약방문이 될 수 있다는 점이야. 그래서 회사에서 보안정책을 세우고, 문제가 될 만한 것들을 사전에 막으려고 하는 거지. 우리 회사에서도 받아야 하는 정보보호 관리체계[ISMS01] 인증도 회사에서 보안정책을 얼마나 잘 세우고 지키고 있는지에 대해 검증받는 거야.

이철벽 우리 회사도 정보보호 관리체계인증 받아야해요?

박보안 응. 이제까지는 과태료를 냈는데 과태료가 인상되어서 인증을 받기로 했어. 참, 이 대리도 보안에 관심이 있다면 관련 정보를 인터넷 뉴스에서 하루에 한 번씩 찾아보는 것이 중요해. 관심! 관심이 모든 것의 시작이야.

이철벽 알겠어요. 박 과장님. 매일 보안에 대한 뉴스를 찾아서 읽을게요.

이 대리는 인터넷에서 보안에 관한 뉴스를 찾아 매일 한 두 개씩 읽기로 결심했다.

박보안 그럼, 다음 주 금요일 점심시간에 보자고.

---

01 정보보호 관리체계(ISMS): 정보의 기밀성(Confidentiality), 무결성(Integrity), 가용성(Availability)을 실현하기 위한 일련의 과정 및 활동. 정보보호 관리체계는 조직의 자산에 대한 안전성 및 신뢰성을 향상시키고, 정보보호운영을 체계적이고 지속적으로 유지하기 위해 정보보호정책 수립, 정보보호 관리체계 범위 설정, 위험관리, 구현, 사후관리의 5단계 과정을 거쳐 운영된다(출처: 매일경제용어사전).

보안의 시작은 컴퓨터에 암호 걸기

박 과장과 처음 공부하기로 한 금요일이 왔다. 점심을 간단하게 먹은 이 대리와 박 과장은 비어있는 회사 회의실로 들어갔다.

박보안 우선, 이 대리가 보안에 대해 어떤 생각을 갖고 있는지 알기 위해 질문을 하나 할게. 이 대리는 컴퓨터 보안의 기본이 뭐라고 생각해?

이철벽 어, 글쎄요? 컴퓨터에 암호 걸기가 기본이 아닐까요?

갑작스러운 박 과장의 질문에 이 대리는 당황했다.

박보안 맞아. 컴퓨터에 암호 걸기도 보안의 기본이지. 잘 알고 있네.

박 과장의 칭찬에 이 대리가 으쓱해졌다.

박보안 그런데 암호 걸기도 중요하지만, 내가 생각하기에 더 중요한 것은 무엇을, 왜 지켜야 하는지를 알아야 하는 일이야. 예를 하나 들어볼게. 이 대리, 혹시 공공장소에서 노트북을 사용해 본 적이 있지?

이철벽 네, 가끔 외근 갈 때 노트북을 들고 갔었어요.

박보안 혹시 그때, 급하게 화장실 가거나 다른 용무 때문에 자리를 비운 적이 있지 않아?

이철벽 네. 자리를 비운 적이 있죠. 그럴 때마다 다른 사람이 컴퓨터를 들고 가지 않을까 걱정돼서 급하게 볼 일만 보고 온 적이 있어요.

박보안 그렇지? 노트북만 놔두고 화장실 다녀오는 것은 굉장히 불안한 일일 거야. 이 대리, 그럼 이 대리가 왜 불안했을까?

이철벽 그야, 컴퓨터를 누가 훔쳐갈까 봐 그랬지요.

박보안 맞아. 컴퓨터를 훔쳐간다면 재산상 손해가 클 거야. 그런데 이 대리의 정보를 노리던 누군가가 잠깐 자리를 비운 사이에 USB로 이 대리가 작성해 놓은 중요한 기획안을 훔쳐간다면 어떻게 될까?

이철벽 에이, 설마 그런 일이 있을까요? 그리고 제 기획안이 중요하긴 하지만, 누가 제 기획안을 훔쳐갈까요?

박보안 보안에서 방심은 금물이야. 항상 문제는 작은 것에서부터 시작하는 거야. 인텔에서 노트북 도난 시에 기업에서 입는 실질적인 피해액을 조사한 적이 있는데, 평균 5천만원이라는 거야. 최대로 잡은 경우는 노트북 1대 분실 시 10억이라는 어마어마한 금액을 산정하는 기업도 있었다네.

이 대리는 10억이라는 금액에 입이 쩍 벌어졌다.

박보안 그리고 이 대리. 이 대리가 작성하는 기획안은 경쟁사에서 노리는 일급 정보일 거야. 그런 정보가 유출된다고 하면, 회사의 피해가 얼마나 크겠어? 그리고 전산팀 프로그래머의 소스코드를 열어서 살펴보면 알겠지만, 그 소스코드 안에는 데이터베이스에 접속하는 계정에 대한 정보도 들어있을 수 있어. 그럼 회사 데이터베이스에 접근할 수 있어서 데이터가 노출될 수도 있지.

이 대리는 자신이 작성한 기획안이 있는 노트북에 암호를 설정하지 않은 사실을 생각하고는 얼굴이 상기됐다.

박보안 보안의 기본은 내가 가진 것이 무엇이고, 왜 지켜야 하는지를 명확히 하는 것에서부터 시작해야 해. 이 대리의 노트북은 물리적인 노트북 그 자체도 중요하지만, 그 안에 들어있는 정보의 가치는 노트북보다 훨씬 더 중요할 수 있어.

박 과장은 점심을 먹고 사온 커피를 한 모금 마셨다.

박보안 그래서 외부에서 노트북을 사용할 때는 반드시 도난방지 장치^{Kensington} ^{Lock}를 달아서 물리적으로 보호해야 하고, 컴퓨터 자체는 암호로 보호해야 해.

✓ 그림 1-2 노트북 도난방지 장치

박보안 이 대리. 2016년에 공시생이 정부종합청사에 들어가서 합격자 명단을 조작한 사건 알지?

이철벽 네. 알아요. 한동안 세간에 화제였어요. 철저한 출입통제가 필요한 곳이 그렇게 허술하게 관리됐는지 공분을 일으켰어요.

박보안 맞아. 정부종합청사는 우리나라의 심장부라고 할 수 있는 곳인데, 아무런 권한이 없는 공시생이 출입을 할 수 있었다는 점에서 많이 놀랐었지. 정부종합청사를 출입하기 위해서는 신분증이 필요한데 해당 신분증은 체육관에서 훔쳤고, 신분증을 분실한 공무원은 신고를 늦게 하고, 신고를 하고 난 뒤 신분증이 취소된 사실을 경비원이 알 수 있게 출입통제시스템에 표시해 주지 않아 조기 검거할 수 있는 기회를 놓친 거지. 출입통제 같은 조치를

'물리적 보안'이라고 하는데, 정부종합청사의 물리적 보안 체계에 문제가 있었던 거야. 더구나, 사무실은 모두 번호키 잠금 장치가 설치돼 있었는데, 번호키 암호가 문 옆에 적혀 있었다니 너무나 한심한 수준이야. 하지만 그게 일반적인 현실이기도 해. 그런데 말이야, 이 공시생이 사무실에 침입할 수 있었던 것도 문제이지만, 컴퓨터를 사용할 수 있도록 부팅이 가능했다는 데에 굉장한 문제점이 있거든.

CMOS
Windows 로그인 암호
화면보호기

✓ 표 1-1 우리가 사용하는 컴퓨터의 주요 암호

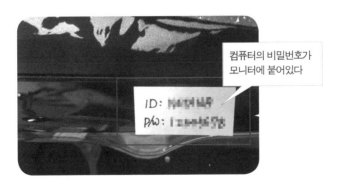

✓ 그림 1-3 **컴퓨터의 비밀번호가 붙어있는 모니터**

박보안 우리가 자주 사용하는 암호는 3가지가 있어. 첫 번째는 CMOS[02] 암호

---

02 CMOS(Complementary metal – oxide – semiconductor): 집적 회로의 한 종류로, 마이크로프로세서나 SRAM 등의 디지털 회로를 구성하는 데에 이용된다. 컴퓨터에서는 부팅단계에서 컴퓨터의 구성정보와 부팅순서를 저장하고 있다.

야. 뭐 영어로 써 있으니 어려워 보이는데, CMOS에는 컴퓨터의 하드웨어 정보와 부팅 순서 등 컴퓨터 부팅에 관련된 정보가 저장돼 있어. 여기에 암호를 걸어 놓는다면 컴퓨터를 부팅하지 못해. 그럼, 이 대리 왜 CMOS 암호가 중요할까?

이철벽 글쎄요. 컴퓨터가 부팅되기 전 단계에서 비밀번호를 아는 정상적인 사용자가 아니라면, 컴퓨터를 부팅시키지 못하게 하려는 게 아닐까요?

✔ 그림 1-4 CMOS 비밀번호

박보안 맞아. 컴퓨터를 정당한 사용자가 아니면 부팅하지 못하도록 하는 건데, 만약에 컴퓨터를 USB로 부팅하게 된다면 무슨 일이 벌어질까?

이철벽 USB로 부팅하게 되면 뭐가 달라지나요?

박보안 만약 USB로 부팅하게 되면 PC에 설치된 보안 프로그램들이 무력화되거든. 그럴 경우 요즘 대부분의 기업에서 사용하는 자료복사방지 프로그램을 우회하게 돼 파일을 마음대로 복사하거나 수정할 수도 있겠지. 그리고 윈도우가 아닌 다른 OS로 부팅을 할 수 있기 때문에 윈도우의 보안도 무력화돼. 공시생 사건에서도 USB로 부팅한 뒤 합격자 명단 파일을 수정했어.

두 번째는 Windows 로그인 암호야. 컴퓨터가 정당한 사용자에 의해 부팅 되고 나면 컴퓨터에 로그인을 하게 되는데, 부팅 과정이 끝난 뒤 처음 컴퓨 터를 사용할 때 본인이라는 사실을 다시 확인해주는 거지. 이 암호를 설정하 지 않으면, 출근하고 나서 컴퓨터 전원버튼을 누르고 CMOS 암호를 넣은 뒤, 탕비실로 커피 한 잔 타러 갔다가 오는 사이에 다른 사람이 컴퓨터의 자료를 훔쳐갈 수도 있어.

✓ 그림 1-5 Windows 로그인 암호

'박보안 세 번째는 화면보호기 설정이야. 자리를 잠깐 비우는 동안, 컴퓨터는 외부 침입자에게 무방비로 노출되기 때문에 화면보호기로 보호를 해야 해. 반드시, 화면보호기에서 윈도우 화면으로 돌아올 때는 처음 윈도우에 로그 인하는 것처럼 암호를 넣어서 정당한 사용자인지 확인을 해야 해.

이 대리는 보안에 대해 공부를 한다고 해서 거창한 기술을 배우는 줄 알았는데, 암 호 얘기만 해서 약간 지겨웠다. 밥 먹은 뒤 식곤증이 오는지 하품까지 했다.

박보안 이 대리, 오늘 암호 얘기만 하니까 재미없지? 원래 보안은 재미없고, 잘 하다가도 한 번 실수하면 정보가 유출될 수도 있어. 중요한 점은 악의적 인 해커들이 접근할 때 조금이라도 불편하게 만드는 것. 조그만 장벽을 하나

두 개씩 쌓아 두는 것이거든. 그 중에서도 컴퓨터에 비밀번호를 설정하는 방법은 기본 중에 기본이야. 알았지?

이 대리는 그래도 졸리는 것은 어쩔 수 없었다. 보안이라하면 007영화에서 해킹하는 스파이를 막는 것처럼 멋진 분야인 줄 알았다.

관리적보안	조직 내부의 정보보호 체계를 수립하고, 절차, 감시조직, 사고 대책 등 절차적 보안을 뜻한다. 예) 정보관리체계 구축, 개인별 보안지침 준수, 보안의식교육시행 등
물리적보안	시설에 대해 허가되지 않은 접근(사용)을 차단하고 모니터링하기 위한 활동을 뜻한다. 예) 사업장 출입 관리, 주요 시설(서버실) 관리, 자산 반출입 관리, 시건장치, CCTV 등
기술적보안	불법적인 공격을 막기 위한 각종 하드웨어 및 소프트웨어 운영과 정보보호를 위해 액세스 제어에 사용되는 기술을 말한다. - 대상: 서버, 네트워크, 데이터베이스, 애플리케이션, PC 등 - 네트워크에 대한 액세스 제어, 암호화, 정보유출방지 - 시스템에 대한 사용자 인증, 암호화, 액세스 제어, 침입차단/탐지 등

✓ 표 1-2 관리적, 물리적, 기술적 보안

컴퓨터에 아무나 접속하지 못하도록 항상 암호를 걸어 둬야 한다. 자리를 비울 때는 반드시 화면보호기가 동작하도록 설정해야 하며, 당연히 CMOS, 윈도우, 화면보호기 암호는 서로 달라야 한다.

CMOS 암호 설정	컴퓨터 전원을 누른 뒤, F2, DEL등의 키를 눌러 CMOS SETUP에 들어간 뒤 SECURITY 등에서 설정함 (PC, 노트북의 BIOS 제작사마다 다름)
윈도우 암호 설정 (Windows 7, 10)	제어판 → 사용자 계정 → 다른 계정 관리 → 변경할 사용자 선택 → 암호 변경
화면보호기 암호 설정 (Windows 7, 10)	제어판 → 개인설정 → 화면보호기 → '다시 시작할 때 로그인 화면 표시'를 체크

✅ 참고	
http://www.medicurity.com/2	내 컴퓨터에 암호 설정하기
http://www.medicurity.com/3	화면보호기 설정하기
http://www.medicurity.com/4	CMOS 비밀번호 걸기

아직도 이걸 써?

박보안 이 대리. 앞에서 3가지 암호에 대해 말했지?

이철벽 네, CMOS, 윈도우 로그인, 화면보호기 암호에 대해 말씀해 주셨어요.

박보안 그럼 이 대리, 암호는 어떻게 만드는 것이 좋을까?

이철벽 기억하기 좋은 암호로 만들면 되지 않을까요?

박보안 물론, 기억하기도 좋아야 하지. 그렇지만 기본적으로 암호는 길수록 좋아. 이 대리, 세상 사람들이 가장 많이 쓰는 암호가 어떤 건지 혹시 생각해 봤어?

1위	123456	11위	login
2위	password	12위	welcome
3위	12345	13위	solo
4위	12345678	14위	abc123
5위	football	15위	admin
6위	qwerty	16위	121212
7위	123456789	17위	flower
8위	1234567	18위	passw0rd
9위	princess	19위	dragon
10위	1234	20위	sunshine

✓ 표 1-3 2016년 많이 쓰는 비밀번호(출처: 스플래시데이터)

1위	123456
2위	password
3위	12345
4위	12345678
5위	qwerty
6위	123456789
7위	1234
8위	baseball
9위	dragon
10위	football

✓ 표 1-4 2014년 많이 쓰는 비밀번호(출처: gizmodo.com)

박보안 그런데 2014년 미국인들이 가장 많이 쓰는 암호와 비교해 봐도 크게 달라지지 않았지?

이철벽 우와, 정말 저런 암호를 써요?

박보안 현재에도 저런 암호를 쓰는 사람들이 많이 있을 거야. 그리고 해커들이 풀기 쉬운 암호는 6자리 이하의 짧은 암호, 사전에 나와 있는 암호, 생년월일, 이름, 전화번호 같은 개인정보를 이용해 만든 암호, 단순한 패턴을 가진 암호, 예를 들면 12345, qwerty(키보드 영문자의 가장 위쪽 줄의 키를 순서대로 누른 것) 등이야. 해커들은 암호가 풀릴 때까지 계속 무작위 대입을 해서 암호를 푸는데, 그때 사람들이 많이 사용하는 암호 목록을 갖고 있어. 그래서 사람들이 사전에 있는 단어 하나로만 암호를 만들면 안 되고, 가능하면 영어 대문자, 소문자, 숫자, 특수기호 등을 같이 넣어서 암호를 만들어야 더 안전하거든.

이철벽 보통 자신의 생년월일 같은 거나 전화번호를 이용해서 암호를 만들기도 하는데 바람직하지 않을 것 같아요.

박보안 그렇지. 특히나 개인정보 유출이 많은 우리나라의 경우에는 개인정보를 다른 사람들이 알고 있다고 생각해도 틀린 생각은 아니야. 그러니까 주민등록번호, 전화번호, 이름 같은 걸로는 암호를 만들지 않는 게 좋아.

이철벽 네.

박보안 또 암호는 언젠가는 뚫린다고 생각하는 것이 맞아. 다만 현재 가장 좋은 컴퓨터로도 몇 년이 걸릴 암호를 만든다면 안전하다고 봐야겠지? 설마 우리 암호를 풀기 위해 슈퍼컴퓨터로 몇 년씩 계산하지는 않을 것 아냐?

이철벽 그럼 어떻게 암호를 만드는 것이 안전할까요?

박보안 아주 좋은 질문이야. 해커에게 뚫리지 않는 암호를 만들려면 영문자,

숫자, 특수문자가 섞인 복잡하고 긴 암호를 만들어야 해. 글자로만 봤을 때는 아무런 의미가 없는 것이 좋아.

이철벽 암호 만드는 예를 좀 들어주세요.

박보안 음, 개인과 아무 관련 없는 것으로 암호를 만드는 방법이 좋은데, 김소월 시 '진달래꽃'을 이용해서 암호 만드는 예를 하나 들어보자. 진달래 꽃 첫 소절은 '나 보기가 역겨워 가실 때에는'인데, 첫 소절 단어의 첫 1음절을 모아 '나역가'로 만들고 음절이 3음절이니까 '나역가' 끝에 숫자 '3'을 넣고 여기에 특수문자 '!@#'을 넣어서 암호를 만들면 좋을 것 같네. '나역가'를 영문으로 치면 'skdurrk', 글자가 3글자니까 '3'을 추가해서 'skdurrk3', 그 뒤에 특수문자 '!@#'을 추가하면 'skdurrk3!@#'라는 암호가 만들어지지? 암호를 만든 뒤에 암호의 안전성을 테스트하는 웹사이트인 howsecureismypassword.net에서 비밀번호를 넣어 검증을 해 보면 5년의 안전성이 보장되는 걸로 나온다네.

이철벽 비밀번호 암호를 안전성 검증 사이트가 있었네요. 근데 5년의 안전성이라는 게 뭐예요?

박보안 그건 비밀번호를 순차적으로 입력하는 공격을 했을 때 암호를 찾는 시간을 의미하는 거야.

나 보기가 **역겨워 가**실 때에는 → 나역가 + 3 + !@# → 나역가3!@# → skdurrk3!@#

✓ 표 1-5 안전한 비밀번호 만들기

이철벽 요즘은 주기적으로 비밀번호를 바꾸라고 나오는데 그게 좋은 것일까요?

박보안 암호를 자주 바꾸는 편이 좋다 나쁘다 여러 가지 의견이 있겠지만, 너무 자주 바꾼다면 암호를 기억하기 힘들기 때문에 쉬운 암호를 사용할 가능성이 높아지고, 쉬운 암호를 쓰면 해커에 의해 쉽게 뚫릴 가능성이 높아지게 돼. 그래서 암호를 자주 바꾸지 않는 경우보다 더 위험해 질 수도 있어. 또 사이트마다 다른 암호를 쓰라고 하는데, 이것도 현실성이 없어 보이거든. 사람은 많은 암호를 기억하기 힘들어. 그래서 내가 권장하는 방법은 사이트를 중요도를 구분해서 암호를 사용하는 거야. 은행이나 증권회사처럼 정말 중요한 곳, 개인 메일 등 2번째로 중요한 곳, 일반적인 곳, 한 번만 가입하고 더 안 볼 곳 등으로 나눠서 암호를 구분해 사용하는 방법이 좋을 것 같아. 물론 암호를 주기적으로 바꿔야 한다면 해당 암호를 엑셀 같은 데에 정리를 해 두고, 그 엑셀 파일에 암호를 설정해서 사용하는 방법이 좋을 듯해.

박 과장은 쉴 새 없이 설명하느라 숨이 찼다.

박보안 암호를 누군가와 공유해서 사용한다거나, 심지어는 포스트잇 같은 것을 이용해서 모니터에 붙여 놓은 경우도 있었어. 이번 공시생 사건에서도 사무실에 침입할 때 현관문 옆에 적어놓은 전자키 암호를 통해서 사무실에 들어갔다고 하잖아. 암호는 내 정보를 지킬 수 있는 마지막 보루니까 출입문 비밀번호를 넣을 때도 CCTV로 누군가가 지켜볼 수도 있으니까 손으로 가리고 입력하는 등 평소에 조심하는 것이 바람직해. 보안은 누군가가 항상 지켜보고 있다는 생각으로 조심해야 하는 거야.

이철벽 누군가가 항상 지켜보고 있다는 생각을 하면서 지내라는 말씀, 항상 명심하겠습니다.

박보안 그런데 howsecureismypassword.net 사이트에 암호를 넣는 것도 위험할 수 있어.

이철벽 그건 왜죠?

박보안 수익도 안 나는 사이트를 왜 운영할까 곰곰이 생각해보니, 해커들이 사람들이 자주 사용하는 암호를 수집하는 사이트는 아닐까 싶은 생각이 들더라구. 그러니 테스트를 할 때는 내가 직접 사용할 암호가 아니라 숫자 등을 조금씩 바꾼 암호를 입력하는 편이 좋을 거야.

이 대리는 박 과장의 예리함과 섬세한 모습에 감탄했다.

회의실에서 바라본 거리에는 추운 겨울을 보낸 나무에 물이 오르고, 조금씩 푸른 싹이 나오는 모습이 보이기 시작했다.

1. 비밀번호는 길수록 좋다. 최소한 영문자+숫자+특수기호를 포함할 때는 8자리 이상, 영문자+숫자로만 이뤄졌을 때는 10자리 이상으로 만든다.
2. 본인이나 가족의 이름, 생일, 주민등록번호, 학번, 군번 등 다른 사람이 알 수 있는 암호는 사용하지 않는다.
3. 대소문자를 섞고, 특수문자(!, @, #, $, %, ^, &, *) 등을 섞는다.
4. 특수문자는 맨 끝이 아닌 중간에 섞을수록 효과가 크다.
5. 비밀번호를 주기적으로 바꾸고, 비밀번호를 공유해 사용하지 않는다.

✔ 표 1-6 좋은 비밀번호의 조건

누군가의 컴퓨터에서 알 수 있는 정보

또 한 주가 지났다. 이젠 언제 그렇게 추운 날이 있었냐는 듯이 따뜻해졌다. 아침저녁으로 일교차는 커졌지만 낮에는 완연한 봄이었다.

박보안 이 대리. 혹시 신문이나 뉴스에서 컴퓨터를 압수한 뒤 중요한 데이터와 이메일을 용의자가 삭제했으나 수사기관이 복구했다는 뉴스를 본 적이 있지?

이철벽 네. 가끔 뉴스를 보는데 컴퓨터 하드디스크를 압수해서 알아내는 것 같아요. 삭제한 하드디스크에서 많은 증거를 찾아낸다는 점이 아주 신기하더라구요.

박보안 실제 우리가 사용하는 컴퓨터에는 다양한 기록들이 남아있어. 우리가 잘 알지 못해서 그러지. 어떤 기록이 남아있을까?

박 과장은 이 대리에게 자료를 건넸다.

박보안 현재 하드디스크에서 저장 중인 일반적인 파일을 제외하고 이렇게 많은 내용을 알 수 있어.

– 최근 브라우저로 접속한 사이트 주소
– 최근 브라우저로 접속한 사이트의 그림, 문서파일
– 검색엔진에서 검색한 검색어

– 자주 방문하는 인터넷 사이트
– 최근 편집한 파일 및 컴퓨터에 저장된 많은 파일(한글, 워드, 엑셀, 사진, 그림 등)
– 검색한 웹페이지의 문서와 그림
– 사용하는 프로그램
– 삭제했다고 생각한 파일
– 지웠다고 생각하는 이메일(Outlook)
– 컴퓨터를 사용하기 시작한 시간과 사용한 시간

✔ 표 1-7 누군가의 컴퓨터에서 얻을 수 있는 정보

이철벽 우와 대단하네요. 저 많은 정보가 컴퓨터에 남아 있어요?

박보안 대단하지? 요즘 우리는 컴퓨터에 모든 정보를 디지털화해 기록하고 있어. 연인과 데이트에서 촬영한 사진, 채팅 프로그램에서 연인과 대화한 내용을 저장해 놓기도 하고, 일기를 쓰기도 해. 그리고 요즘 회사의 거의 모든 업무를 컴퓨터를 통해 수행하기 때문에 컴퓨터에 많은 정보가 남아 있을 수밖에 없어.

이철벽 그런데 인터넷에서 접속했던 그림들과 문서들은 왜 컴퓨터에 남아있어요?

박보안 그건 예전 인터넷 회선의 속도가 낮았을 때, 느린 회선의 속도를 보충하기 위해서 한 번 받은 파일을 컴퓨터에 저장해 놓고, 다시 파일이 필요할 때는 인터넷을 통해서 다시 받지 않고 저장된 파일을 사용했어. 보통 임시 인터넷파일 또는 캐쉬 cache 라고 불러.

이철벽 그럼 다른 사람이 내 컴퓨터를 봤을 때, 많은 정보를 알 수 있다면 어떻게 해야 내 정보를 다른 사람에게 보이지 않을 수 있을까요?

박보안 '소 잃고 외양간 고친다'는 속담에서 보듯이, 내 정보가 다른 사람에게 유출되기 전에 막아야해. 일단 정보가 유출되고 나면, 정보는 점점 퍼져 나갈 수밖에 없거든. 다른 사람이 컴퓨터를 사용할 수 없도록 하는 몇 가지 방법을 알아보자구.

첫째는 전 시간에 살펴보았던 암호 걸기야. 자리를 잠깐 비우게 된다면 자동으로 화면보호기가 작동되도록 설정해 놓고, 반드시 원래의 화면으로 돌아가기 위해서는 암호를 넣도록 설정해야 해. 잠시 자리를 비울 때는 'Windows' 키와 'L'을 동시에 누르면 화면이 잠기고 화면보호기가 동작해.

둘째, 자리를 오래 비우게 된다면 컴퓨터를 끄고 나가거나 절전이나 최대 절전모드를 켜서 컴퓨터를 잠근 뒤 자리를 떠나야 해.

셋째, 오랜 기간 출장을 간다면 컴퓨터의 하드디스크를 빼서 별도의 공간에 보관하는 방법이 좋아.

이철벽 컴퓨터에 화면보호기를 설정하거나 끄고 가는 것은 이해되는데요, 오랜 기간 비울 때 하드디스크를 왜 빼 둬야 할까요? 컴퓨터를 켤 수가 없잖아요?

박보안 컴퓨터를 분해해서 하드디스크를 떼어 낸 후 다른 컴퓨터에 연결해 정보를 가져갈 수 있어. 물론 아주 귀찮겠지만 컴퓨터에 중요한 정보가 있다면 충분히 생각해 볼 방법이야. 데스크톱이라면 컴퓨터를 열지 못하도록 열쇠를 채우는 방법도 있어. 다른 방법은 윈도우에서 제공하는 드라이브 암호화 기능을 이용해 디스크 자체를 암호화해 놓으면 다른 컴퓨터에서는 사용할 수 없게 할 수도 있어. 그렇지 않다면 특수 봉인 테이프 같은 것으로 컴퓨터를 뜯으면 표시가 나도록 컴퓨터에 붙여 놓는 것도 한 가지 방법이 될 것 같네.

이 대리는 그렇게까지 해야 하나 싶었다.

이철벽 그런데 컴퓨터에서 증거를 어떻게 찾아요? 다 지워버리면 되잖아요.

박보안 아까 얘기했지만 컴퓨터에는 우리가 상상하는 것보다 훨씬 더 많은 정보가 남아 있어. 그러니 범인이라면 범죄의 증거를 싹 지우겠지? 그런데 수사기관에서는 컴퓨터의 하드디스크를 분석하고 복구하는 도구를 이용해서 증거들을 찾아낼 수 있어. 물론 모든 파일을 복구할 수는 없겠지만, 중요한 몇몇 자료만 복구해도 범행의 증거로 삼을 수 있으니까 말이지.

이철벽 지워진 파일을 복구할 수 있다구요?

✓ 그림 1-6 **디지털 포렌식 장비**[03]

(출처: https://www.cleverfiles.com/howto/computer-forensic.html)

---

03 디지털 포렌식: 포렌식은 과학적 범죄 수사 방법을 말한다. 일반적인 포렌식은 법의학, DNA 분석, 화학, 공학 등이 포함된다. 컴퓨터 포렌식은 전자적 증거물 등을 사법기관에 제출하기 위해 데이터를 수집, 분석, 보고서를 작성하는 일련의 작업을 말한다. 예를 들면 삭제된 파일의 복원, 이메일 분석, 시스템 로그 분석 등이 있다.

박보안 당연하지. 대부분의 사람들은 컴퓨터에서 삭제된 파일에 대해 복구될 것이라 생각하지 않지만, 적절한 기술을 통해 복구할 수 있어. 저장매체에 저장된 파일을 지운다는 것은 파일 자체의 기록을 지우는 것이 아니라 파일로 찾아갈 수 있는 주소를 지운다고 생각해야해. 비슷한 측면에서 폐기되는 컴퓨터 하드디스크를 통한 정보유출도 심각하지. 뉴스에서도 나온 사례인데, 중고컴퓨터의 하드디스크를 복원한 결과 주민등록증과 개인 통장의 사본, 개인의 주소록 등 개인정보와 함께 연구보고서, 대외비 문서 등 기업의 기밀서류 등이 쏟아져 나왔지. 대부분의 기업에서 컴퓨터를 폐기할 때 포맷만 하고 버리는데, 정보유출을 생각했을 때에는 하드디스크를 완전히 사용할 수 없도록 물리적으로 파괴하거나 디가우저 ^{degausser 04} 같은 장비를 통해 완전히 못 쓰게 만들어야 해.

이철벽 그럼 저 같은 개인은 어떻게 해요? 장비가 꽤나 비쌀 것 같은데요.

박보안 조금 무식하지만 아스팔트 같은 곳에 하드디스크를 놓고 망치로 부셔버려. 이 대리가 갖고 있는 데이터가 국가기밀 같은 거라 정부기관에서 복구하려고 하지 않는 이상 괜찮을 거야.

이철벽 에이, 과장님. 저도 소중한 정보를 많이 갖고 있다구요.

✅ 셀프 보안을 위한 팁!

하드디스크를 폐기할 때는 디가우저로 지우는 방법이 확실하나 장비를 구할 수 없으면, 망치로 하드디스크를 부수거나 높은 곳에서 떨어뜨리기, 또는 기판을 분리해서 버리는 방법이 안전하다.

---

04   디가우저: 물체에 있는 자성을 풀어주는 기계. 하드디스크에 저장된 내용을 지우는 용도로 주로 사용된다.

공용컴퓨터의 위험

4월의 봄날은 향기로웠다. 가로수에 잎들이 올라오고, 거리에 지나가는 사람들의 옷차림은 겨울의 무거웠던 분위기와는 다르게 가벼워졌다.

주말을 맞은 이 대리는 데이트를 위해 역 앞에서 미란이를 기다리고 있는데 전화가 왔다.

김미란 오빠, 오늘 아침부터 서둘렀는데도 조금 늦을 것 같아.

이철벽 얼마나 늦을 것 같은데?

김미란 한, 1시간 정도? 미안해.

이철벽 알았어. 역에 도착하면 전화해.

이 대리는 가끔 늦는 미란이에게 화가 났지만, 그럴 수도 있지 생각하며 쿨하게 넘어가기로 했다.

이철벽 1시간이라… 할 수 없지 뭐. 근처 PC방이나 가야겠다.

이 대리는 시간을 보내려고 PC방을 찾았다.

이철벽 이 기회에 게임 레벨이나 좀 올려야겠는걸?'

한 게임이 끝나고, 두 번째 게임을 하기에는 시간이 부족할 것 같아 웹 서핑을 시작했다.

이철벽 어제 중고장터에 올려놓은 매물에 사람들이 관심이 있나 확인해 봐야겠다.

이 대리는 포털사이트에 로그인을 했다.

이철벽 역시나 너무 비싸게 내놓았나 보네. 집에 가서 가격을 낮춰 다시 내놔야겠어.

그때 미란이에게서 전화가 왔다.

김미란 나 역에 도착했어. 어디야?

이철벽 역 앞에 있는 PC방이야. 지금 나갈게.

전화를 끊고 이 대리는 속으로 '도착하기 10분 전에 연락하지 도착해서 전화하나?' 생각했다. 이 대리는 허겁지겁 PC방을 빠져나왔다.

즐거운 데이트를 마치고 집으로 돌아온 이 대리는 중고장터에 올려놓은 매물 가격을 내리려 포털사이트에 로그인을 하려고 했으나 로그인이 되지 않았다.

이철벽 어, 왜 그러지?

이 대리는 몇 번이나 로그인을 시도했으나 정상적으로 로그인이 되지 않았다.

이철벽 혹시 내 계정이 해킹 당했나?

이 대리는 오늘 PC방에서 포털사이트에 로그인 했던 사실을 기억하고 비밀번호 찾기 기능을 이용해 비밀번호를 변경했다. 아이디에는 특별한 문제는 없어 보였으나 크래커^{cracker 05}가 무슨 짓을 벌였을지 몰라 조마조마했다.

월요일에 출근한 이 대리는 박 과장에서 주말에 있었던 일을 얘기했다.

박 과장은 한심하다는 듯이 이 대리를 쳐다보면서 한 마디 한다.

---

05   크래커: 악의적인 해킹을 하는 사람을 의미하며, 컴퓨터에 대한 열정을 가진 해커와 구분하기 위해 사용된다.

박보안 자살골이야, 자살골. 도대체 무슨 배짱으로 공용 PC에서 로그인을 하니? 특히나 로그아웃도 하지 않고 자리를 떴다 이거지?

이철벽 PC방 같은 데서는 로그인하면 안 되나요?

박보안 당연하지. 공용 PC에 무슨 프로그램이 깔려있는 줄 어떻게 알아? 혹시 크래커가 키로거 ˢᵉʸˡᵒᵍᵍᵉʳ 프로그램[06]을 깔아뒀다면 네 아이디와 비밀번호는 이미 크래커 손에 넘어간 거야. 우체국, 공항, 은행, PC방, 모텔 같은 곳에 있는 PC에서는 절대로 로그인하면 안돼. 은행 및 금융 거래는 더더욱 안되고. 그냥 음악이나 듣고, 서핑이나 하는 용도 정도로 사용해야 돼.

이철벽 그래도 급할 때는 문서 편집도 하고 그럴 수도 있잖아요?

박보안 그런 PC에 USB 꽂는 것도 걱정이 되긴 해. 정 급할 때는 조심해서 해야지. 그리고 문서를 PC에 저장해 편집한 뒤에는 삭제만 하는 것이 아니라 휴지통까지 비워야 하는 거 알지? 휴지통에 있는 문서는 바로 복구가 되니까 그건 삭제를 안 한 것과 마찬가지야.

이철벽 그렇군요. 휴지통까지 비워야 일단 안심이 되겠네요. 앞으로는 공용 PC에서 조심하겠습니다.

박보안 내가 아는 분의 이야기인데, 집에 아이가 컴퓨터를 너무 많이 해서 컴퓨터를 제어할 수 있는 프로그램을 설치했어. 그런데 아이가 프로그램을 컴퓨터에 설치해서 컴퓨터에 입력된 모든 타이핑한 것들을 기록하게 만들었다고 하더라구. 그 다음에 "아빠, 컴퓨터 30분만 더 시켜주세요."라고 부탁해서 연장시켜 줬더니, 그 다음부터는 더 시켜달란 말이 없더래. 키로거 프로그램을 통해 시간 제어를 할 수 있는 비밀번호를 알아낸 거지. 어른이 있을 때는 정확한 시간에 끄고, 어른이 없을 때는 자기 마음대로 컴퓨터를 쓴

---

06 키로거 프로그램: 컴퓨터에 입력되는 모든 문자를 파일에 저장하거나 전송하는 프로그램

거야. 하물며 집에서도 그럴 수 있는데, 누구나 쓰는 공용 컴퓨터는 어떻겠어?

이철벽 정말 그런 일이 있었어요? 그 아이 대단하네요. 어떻게 그런 발상을 했을까요?

박보안 그렇지. 참 대단하지? 나중에 크게 될 거야.

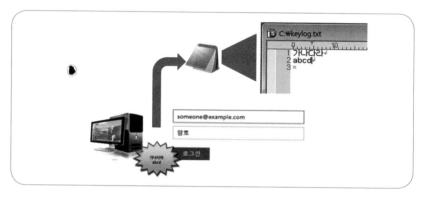

✔ 그림 1-7 **키로거 프로그램**

(출처: http://blog.naver.com/PostView.nhn?blogId=abyofasha&logNo=97321742)

1. 공용 PC에서는 가급적 로그인하지 않는다. 포털사이트, 메신저, SNS 등에는 자동 로그인 기능(쿠키)이 있어서 PC에 흔적이 남을 가능성이 높다. 혹시라도 로그인할 때는 로그인 정보 유지 체크박스는 반드시 해제해야 한다.

2. 프로그램을 모두 종료하고 자리를 비워야 한다. 잠시라도 자리를 비울 때는 모든 프로그램을 종료하고 자리를 비우는 것이 안전하다.

3. 웹 서핑을 할 때에도 흔적을 남기지 않는 인터넷 익스플로러의 InPrivate 기능이나 크롬의 시크릿 창을 이용해서 서핑하는 것이 바람직하다.

– 크롬: 화면 우상단의 ⋮ 클릭 –> 새 시크릿 창(Ctrl-Shift-N) 선택

– 인터넷 익스플로러 11의 InPrivate: 도구 –> 안전 –> InPrivate 브라우징(Ctrl-Shift-P)

4. 모니터를 누가 지켜보고 있는지 주의해야 한다.

5. 공용 PC에서는 주의를 요하는 정보, 즉 신용카드 번호, 전화번호 같은 개인정보 등은 절대 입력하지 않아야 한다.

6. 사용을 마치고 자리를 떠날 때는 작업했던 파일을 모두 삭제하고 휴지통까지 비워야 하며, 임시 인터넷파일을 삭제하는 것이 좋다.

✓ 표 1-8 공용컴퓨터에서 주의할 점

✅ 참고	
http://www.medicurity.com/5	익스플로러의 Inprivate 모드, 크롬의 시크릿 창 사용법

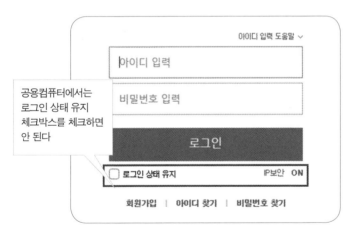

✓ 그림 1-8 공용컴퓨터의 로그인 상태 유지 체크박스 주의 필요

누구나 실수를 한다

이철벽 아이 짜증나. 오늘같이 바쁜 날, 맨날 잘 꺼지지도 않게 윈도우 업데이트는 왜 이렇게 많은 거야?

이 대리는 컴퓨터가 느려져서 다시 시작하기 위해 컴퓨터를 끄다가 윈도우 업데이트를 하고 있다는 메시지를 보며 구시렁거렸다. 짜증 소리가 크게 들렸는지, 옆자리에 앉아 있는 박 과장이 한 마디 했다.

박보안 이 대리, 윈도우가 업데이트되니까 불만이야? 윈도우 업데이트는 왜하는 걸까?

이철벽 뭐 프로그램에 오류가 있거나 새로운 기능을 추가해서 제공해주는 것이 아닐까요?

박보안 물론 잘못 설계된 프로그램으로부터 발생되는 경우나 프로그래머의 실수 때문에 하는 경우도 있을 수 있겠지만, 보안취약점 수정을 위한 업데이트도 있어. 그래서 모든 업데이트는 가능한 빨리해 주는 편이 좋아.

이철벽 왜요?

박보안 보통 프로그래머가 프로그램을 만들 때 정상적인 상황을 가정하고 프로그램을 만들게 되거든. 그런데 내 컴퓨터에 침입하려는 크래커들은 사람들이 전혀 예상할 수 없는 부분을 파고들어 예외 사항을 만들어서 침투하려고 하지. 프로그래머가 실수한 부분을 파고들어서 공격하는 경우도 많으니까 꼭 업데이트해야 하는 거야.

이철벽 그래서 업데이트가 필요한 거에요? 백신이 매일 업데이트되고 있으니 보안 업데이트는 안 해도 되는 거 아니에요?

이 대리의 물음에 박 과장은 눈을 흘기며 얘기했다.

박보안 이 대리, 백신이 돌아가는 곳이 어디야?

이철벽 윈도우요.

박보안 그럼 윈도우에 커다란 약점이 있는데, 그게 백신으로 막아질까? 예를 들어보면 성벽에 큰 구멍이 있는데, 보초 한 명 세워 놓는다고 그게 해결이 될까? 보초가 피곤해서 졸거나 화장실에 가게 되면 그냥 뚫리는 것 아냐?

박 과장은 조금 쉬었다가 계속 얘기했다.

박보안 잘 생각해보자. 윈도우의 취약점을 파고든 악성코드를 백신으로 고쳤어. 그렇지만 취약점 자체를 수정한 것이 아니기 때문에 임시로 조치해 놓은 거라 생각하면 돼. 그런데 임시로 조치해 놓은 부분은 언제든지 다시 뚫릴 수 있는 거지. 그걸 해결해 주는 방법이 보안 업데이트야. 그리고 취약점이 있는 윈도우에서 실행되는 백신이 과연 제대로 동작할지도 의문인 거지.

이철벽 아! 그래서 모든 보안 대책에 윈도우 업데이트를 꼭 해야 한다고 그러는구나.

박보안 윈도우 업데이트뿐만 아니라 오피스, 한글, 아크로뱃 등 모든 프로그램의 업데이트를 수행하는 것이 좋아. 특히나 MS 오피스 같이 매크로가 수행되는 프로그램은 그 자체로 악성코드가 실행될 수 있기 때문에 반드시 업데이트를 해야 해. 2016년 해킹에 가장 많이 악용된 프로그램은 어도비 플래시 플레이어와 인터넷 익스플로러의 취약점이었어. 문제는 어도비 플래시 플레이어의 버그를 상당부분 수정해서 패치프로그램을 배포했는데, 많은 사람이 패치를 컴퓨터에 설치하지 않고 있지. 그 틈을 헤집고 해커들이 공격을 하는 거야. 이 대리 여기 좀 봐봐.

박 과장은 발견된 취약점을 검색할 수 있는 사이트를 열어 취약점 현황을 보여줬다. 2016년에만 500개 가까운 취약점이 발견돼 수정된 사실을 확인했다.

이철벽 와! 마이크로소프트 같은 큰 회사에서도 취약점이 1년간 저렇게 많이 발견됐어요? 그럼 업데이트는 어떻게 해요?

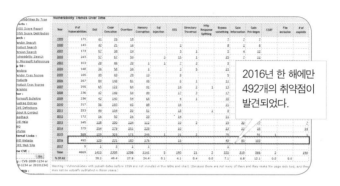

2016년 한 해에만 492개의 취약점이 발견되었다.

✓ 그림 1-9 발견된 취약점을 검색할 수 있는 www.cvedetails.com

박보안 보통은 컴퓨터를 켜면 주기적으로 윈도우 업데이트 서버에 접속해서 내 컴퓨터의 버전과 업데이트 서버의 버전을 비교해서 업데이트가 필요하면 파일을 컴퓨터에 다운로드하고, 컴퓨터를 끌 때 설치하는 거야. 운영체계는 사용하는 파일도 업데이트해야 해서 재부팅이 필요하지만, 어도비 플래시 플레이어 같은 프로그램은 대부분의 경우 재부팅이 필요 없지. 윈도우를 예로 들면 윈도우10에서는 자동으로 업데이트를 실행해버려. 사용자가 선택할 수 없지만, 윈도우10 이하에서는 사용자가 선택을 할 수 있는데, 업데이트 자동 설치를 선택해 놓으면 돼.

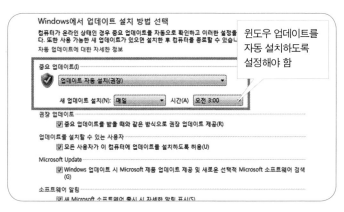

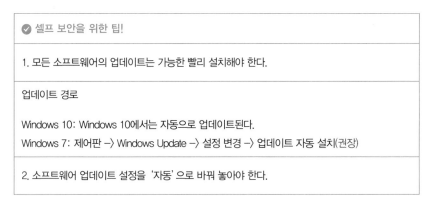

✓ 그림 1-10 윈도우 자동 업데이트 설정

이철벽 아, 그러네요. 앞으로는 열심히 프로그램 업데이트를 해야겠어요.

✅ 셀프 보안을 위한 팁!
1. 모든 소프트웨어의 업데이트는 가능한 빨리 설치해야 한다.
업데이트 경로 Windows 10: Windows 10에서는 자동으로 업데이트된다. Windows 7: 제어판 →〉 Windows Update →〉 설정 변경 →〉 업데이트 자동 설치(권장)
2. 소프트웨어 업데이트 설정을 '자동' 으로 바꿔 놓아야 한다.

✅ 참고	
http://www.medicurity.com/6	윈도우 업데이트

컴퓨터도 감기에 걸린다

주말을 맞은 이 대리가 소파에 누워 손에는 리모컨을 만지작거리며 방송을 스캔하고 있었다. 대부분의 주말을 미란이와 함께 보냈는데, 미란이 회사의 워크숍이 있다고 해서 편안하지만 허전한 주말을 보내고 있는 중이었다.

이철벽 오랜만에 혼자 있는 시간인데 TV나 보면서 보내야 하나?

친구들에게 전화를 해보려다가 간만의 시간을 혼자 오롯이 즐겨 보기로 했다.

TV 화면에서는 외계인의 우주선을 탈취해 외계인과 싸우는 SF 영화인 「인디펜던스 데이 Independence Day」가 나오고 있었다. 인간이 가진 기술력의 한계 때문에 지구는 외계인의 우주선 공격에 초토화됐다. 외계인을 무찌르는 방법을 찾느라 피곤에 지친 남자주인공에게 아버지가 말했다.

아버지: 좀 쉬어야겠다. 감기 들기 전에 일어나!

주인공: 뭐라셨죠?

아버지: 믿음? 인생이란…

주인공: 그 얘기 말구요.

아버지: 뭘? 감기 걸릴라.

주인공이 한참 동안 아무 말 없이 깊은 생각에 잠겼다.

아버지: 왜 그러냐?

주인공: 아버지는 천재예요!

결국 외계인의 컴퓨터를 겨냥한 바이러스를 만든 주인공이 외계인의 모선에 접근해 바이러스를 퍼트리게 되었다. 바이러스에 감염된 외계인 모선 컴퓨터의 오류로 우주선의 방어시스템이 동작하지 않는 외계인의 우주선은 지구군 전투기의 공격에 무력화되었다.

영화를 보던 이 대리는 컴퓨터가 감기에 걸린다는 점에 의문을 품게 되었다. 월요일, 출근 후 커피를 한 잔 들고 박 과장을 찾았다.

이철벽 박 과장님, 컴퓨터도 감기에 걸리나요?

박보안 무슨 소리야? 어디서 그런 소리를 들었어?

이철벽 주말에 심심해서 TV를 보다가 영화 「인디펜던스 데이」를 보게 되었는데요, 거기에서 컴퓨터 바이러스를 통해 외계인을 물리치더라구요.

박보안 그 얘기구나. 컴퓨터 프로그램 중에서 악의적인 목적으로 작성된 프로그램을 보통 통칭해서 '악성코드'라고 하는데, 보통 바이러스, 웜바이러스, 트로이목마 등으로 구분돼. 최초에 발견된 악성코드를 바이러스라고 불렀기 때문에 바이러스 악성코드의 대명사가 된 거지. 바이러스라는 명칭 때문에 아마 영화에서 감기 걸린다고 했을 거야. 감기는 바이러스를 통해 감염되잖아.

이철벽 아, 그렇겠네요. 그런데 인간이 만든 바이러스가 외계인의 컴퓨터를 전염시킬 수 있을까요?

박 과장은 마시던 커피를 뿜을 뻔한 것을 참고, 이 대리를 흘겨보면서 한마디 했다.

박보안 인간이 만든 운영체계끼리도 프로그램이 서로 호환되지 않는데, 하물며 외계인이 만든 컴퓨터에 어떻게 바이러스를 심을 수 있겠어? 그리고 바이러스를 만든 그 양반은 외계인 컴퓨터 언어를 언제 배웠길래 바이러스를 만들 정도로 외계인 컴퓨터를 잘 알겠니? 이 대리도 컴퓨터 관련 일로 밥 먹고 살지만 외계인 퇴치용 바이러스를 만들 수 있어?

이철벽 그러고 보니 불가능하겠네요.

박보안 인간이 만든 컴퓨터끼리도 호환이 되지 않아서 모두가 같이 연결하려고 인터넷^{inter-net}을 만들었잖아.

이 대리는 계속하다가는 이야기가 꽤나 길어질 것 같아서 얼른 화제를 바꿨다.

이철벽 악성코드는 왜 만들었을까요?

박보안 음, 처음에는 자신의 컴퓨터 실력을 자랑하기 위해 만들었는데, 요즘은 공격대상자의 컴퓨터 제어권을 빼앗거나 경제적인 목적, 정치적인 목적을 위해 악성코드를 만들기도 해. 특히나 이 대리가 걸린 랜섬웨어의 경우에도 크래커들이 비트코인을 달라고 했잖아.

이철벽 맞다. 내가 피해자지. 랜섬웨어도 악성코드의 일종인 거죠.

박보안 웅. 컴퓨터에 악영향을 끼치는 모든 프로그램을 악성코드라고 불러. 처음 개발된 바이러스는 디스켓 같은 매체를 통해 전파됐기 때문에 전파속도도 느리고, 파일의 일부를 변형했기 때문에 대부분 자료를 살릴 수 있었거든. 근데 요즘은 자료를 완전히 못 쓰게 만들어 버리더라구. 그래서 아무리 귀찮아도 백업은 철저하게 받아야 하는 거야.

이철벽 네. 제가 랜섬웨어에 걸려서 얼마나 고생했다구요. 항상 백업!

박보안 그런데 이 대리가 걸린 랜섬웨어는 인터넷에서 다운로드한 파일을 설치해야만 걸렸는데, 요즘에는 웜바이러스와 랜섬웨어를 합친 변종이 개발돼 컴퓨터 관리를 제대로 하지 않으면 언제든지 랜섬웨어에 걸릴 수도 있어.

이철벽 그럼 제가 인터넷에서 파일을 다운로드하지 않아도 랜섬웨어에 걸린다구요?

박보안 응. 윈도우의 취약점을 노려서 만든 랜섬웨어라 윈도우 업데이트를 하지 않은 경우에는 컴퓨터를 켜 놓기만 해도 걸린다고 해. 그래서 항상 최신 업데이트를 해 놓아야만 하는 거지.

이철벽 그러니까 항상 최신 업데이트를 하고, 만약을 대비해서 백업을 받아 놓아야겠네요.

박보안 맞아. 개인뿐만 아니라 기업에서도 백업은 반드시 해야 하는 일이야. 서버를 노리는 랜섬웨어도 개발돼 웹 호스팅 업체가 큰 피해를 보았거든! 앞으로 개발되는 랜섬웨어는 점점 더 악랄하게 변할 거야. 피해를 입기 전에 백업하는 게 최선의 방법이지.

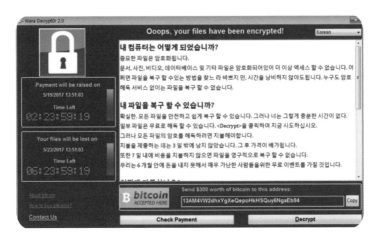

✓ 그림 1-11 워너크라이 랜섬웨어 [07]

V3 Lite	www.ahnlab.com → 다운로드 → 무료 다운로드 https://www.ahnlab.com/kr/site/download/product/productFreeList.do
알약	www.altools.com → 다운로드 → 알약 http://software.naver.com/software/summary.nhn?softwareId=MFS_100027

✓ 표 1-9 백신 프로그램 다운로드 경로

---

07   워너크라이(Wanna Cry) 랜섬웨어: 2017년 5월 12일 대규모 공격이 시작된 랜섬웨어. 윈도우의 네트워크 파일 공유 프로토콜(SMB)의 보안 취약점을 이용해서도 전파된다. 전 세계적으로 많은 피해를 입혔다. 윈도우에서 2017년 3월에 발표한 최신 업데이트를 설치하면 막을 수 있었다.

악성코드는 제작자가 의도적으로 사용자에게 피해를 주고자 만든 모든 악의적 목적을 가진 프로그램 및 매크로, 스크립트 등 컴퓨터상에서 작동하는 모든 실행 가능한 형태를 말한다.

종류	정의
바이러스	사용자 컴퓨터(네트워크로 공유된 컴퓨터 포함) 내에서 사용자 몰래 프로그램이나 실행 가능한 부분을 변형해 자신 또는 자신의 변형을 복사하는 프로그램
웜바이러스	인터넷 또는 네트워크를 통해서 컴퓨터에서 컴퓨터로 전파되는 프로그램이다. 다른 컴퓨터의 취약점을 이용하여 스스로 전파되거나 메일로 전파된다.
랜섬웨어	인터넷 사용자의 컴퓨터에 잠입해 내부 문서나 그림파일 등 사용자의 파일을 암호화해 열지 못하도록 만든 후 돈을 보내주면 해독용 열쇠 프로그램을 전송해 준다며 금품을 요구하는 악성 프로그램
백도어	정상적인 인증 과정을 거치지 않고 운영체제나 프로그램 등에 접근할 수 있도록 만든 일종의 관리 목적의 통로다.
악성코드	컴퓨터에 사용자의 허가 없이 새 창을 띄우거나 인터넷상 광고를 지속적으로 띄운다. 인가되지 않은 성인 사이트나 크랙 사이트 등에 접속할 때 감염된다.
스파이웨어	자신이 설치된 시스템의 정보를 원격지의 특정한 서버에 주기적으로 보내는 프로그램이다. 사용자가 주로 방문하는 사이트, 검색어 등 취향을 파악하기 위한 것도 있지만 비밀번호 등과 같은 특정 정보를 원격지에 보내는 스파이웨어도 존재한다.

✓ 표 1-10 악성코드 구분

이 세상에 무슨 일이 일어나도

박보안 이 대리, 저번에 랜섬웨어 때문에 컴퓨터 포맷하고, 워드, 파워포인트, 엑셀 자료들은 다 깨져 버렸잖아. 뭐 느끼는 거 없어?

이철벽 그야 '인터넷에서 다운로드한 파일은 함부로 실행하지 않는다.'였어요.

박보안 맞아! 인터넷에서 받은 파일은 어떤 문제가 있을지 모르니 확인하는 과정이 필요해. 인터넷에서 프로그램을 다운로드할 때, 프로그램이 변경되지 않았음을 확인시켜주는 해시 값을 주는데, 그 코드는 인터넷 구간에서 변조된 것이 있는지 확인하는 기능을 해. 그리고 또 느낀 점 없어?

이철벽 그리고 파일을 소중히 해야 한다는 사실을 느꼈어요. 그날 밤새면서 여자친구한테 얼마나 혼났다구요.

박보안 파일 하나 정도야 그냥 하루 밤새우면 되지만, 혹시 개인이라도 컴퓨터 하드디스크에 모아놓은 연구자료라든가, 자기가 아끼는 파일들이 한꺼번에 사라진다면 얼마나 안타까울까? 가족들과의 추억이 담긴 사진파일, 모아놓은 mp3, 각종 자료들… 상상만 해도 끔찍하지? 그런 사람들은 해커들에게 돈을 주고 데이터를 살리려고 하겠지. 그런데 기업의 데이터가 사라지면 어떻게 될까 생각해 봤어?

다운로드 후,
다운로드한 파일의
위변조를 확인할 수
있는 해시 값

✓ 그림 1-12 인터넷에서 다운로드 시 위변조를 확인할 수 있는 해시 값을 제공함

이철벽 에이, 설마 그런 일이 벌어지려고요?

박보안 너 설마가 사람 잡는다. 실제로 그런 사태가 벌어졌어. 2001년 9월 11일, 우리가 보통 '9.11 테러'라고 부르는 사건인데, 비행기 2대가 미국 세계무역센터 빌딩에 부딪혔지. 그곳에는 모건스탠리 ^Morgan Stanley 라는 회사가 있었는데 3500명의 직원과 50층의 사무실을 운영했었지. 수천억 달러에 달하는 미 재무부의 채권과 유가증권 등 금융자산을 보유하고 있었거든. 엄청나지? 근데 그 건물 자체가 없어져 버려서 많은 사람들이 데이터 유실을 걱정했어. 이 대리 월급통장이 있는 은행의 전산센터가 없어지면 어떻게 될까 생각해봐.

이철벽 끔찍하네요. 그래서 어떻게 됐어요?

박보안 다행히 다음날 9시, 본사는 무너져 버렸지만 전 세계의 지점들은 정상적으로 업무를 개시했거든.

이철벽 어, 본사에 전산센터가 있었을 텐데, 어떻게 다음 날에 지점을 열었을 까요?

박보안 그건 본사에도 전산센터가 있었겠지만, 다른 곳에도 본사와 똑같은 장비가 여분으로 준비되어 있었던 거지. 만약 다른 곳에 장비가 없었다면 세계적인 공황이 왔을 거야. 미국 연방재난관리청^{FEMA}에 따르면 재해가 발생했는데 업무를 연속적으로 수행할 수 있는 재해복구(DR, Disaster Recovery) 시스템이 준비돼 있지 않다면 60%는 생존하지 못하고, 2년 이내에 도산하게 될 것이라고 예측했어.

이철벽 기업의 모든 업무가 전산화돼 있으니, 전산센터가 없어지면 회사의 존립 자체에 문제가 생기겠네요.

박보안 모든 데이터가 중앙으로 모이는 것이 보안적인 측면이나 효율성 같은 측면에서는 도움이 될지는 몰라도, 재해에는 속수무책인 셈이지. 기업이 몇십 년 동안 쌓아놓은 회사의 데이터가 모두가 없어질 수도 있으니까. 기업이야 그렇다 치고 개인도 마찬가지지. 요즘 모든 자료를 컴퓨터에 파일로 저장해 놓잖아? 이 대리처럼 랜섬웨어뿐만 아니라 누수, 화재 같은 재해에 대비하기 위해서 모든 파일을 백업하면 좋겠지만, 꼭 필요한 파일은 2중, 3중으로 백업해 놓는 대비가 중요해. 실제로 911사태 때 무역센터에 입주해 있던 회사 중 데이터를 복구하지 못한 회사는 모두 도산했다고 해.

이철벽 모두 도산했다구요?

박보안 응. 재해에 대비해 데이터를 백업해 놓지 않으면, 우리의 삶이 팍팍해질 수 있어. 그러니 중요한 파일은 이중 삼중으로 백업해 놓아야 해.

이철벽 꼭 명심하겠습니다!

박보안 그리고 인터넷에 연결된 시대에 살아가야 하는 우리는 네트워크에 연결돼 있다면 언제든 해킹 당할 수 있다고 생각해야 한다는 거야. 누군가가 마음만 먹으면 내 컴퓨터에 접근해서 내 자료를 가져갈 수 있다는 점. 그래서 소중한 내 자료를 탈취당하더라도 상대방이 이용할 수 없도록 만들어야 해. 어떻게 하면 될까?

이철벽 글쎄요. 그런 방법이 있나요?

박보안 이 대리가 보안에 관심을 가졌던 계기를 생각해봐.

이철벽 혹시 암호화를 얘기하시는 건가요? 그거 굉장히 복잡하지 않아요? 그때 설명에서는 암호화, 복호화 키도 있어야 하고, 알아야 할 내용이 많다고 생각했어요.

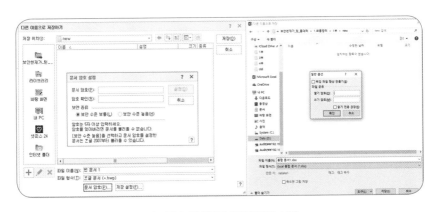

✓ 그림 1-13 한글과 엑셀의 암호 설정

박보안 물론 파일을 암호화해서 저장하면 안전하긴 하겠지만, 일반인이 암호화해서 파일을 저장하는 것은 무리일 수도 있어. 그렇지만 우리가 매일 사용하는 MS Office와 한글 프로그램에는 파일 암호 기능이 있잖아. 그 암호 기능만으로도 다른 사람이 내 파일을 쉽게 열 수는 없어. 혹시라도 외부에 유출되더라도 조금은 안심할 수 있지. 그래서 이메일을 통해서 파일을 보낼 때, 문서에 암호를 걸어 전송하고는 해. 그런데 바보스럽게도 메일 본문에 비밀번호를 같이 적어 보내는 경우도 있거든. 그럴 경우는 암호를 설정한 이유가 없어지겠지? 그런 점만 알아둬도 꽤나 유용하게 사용할 수 있을 꺼야.

이철벽 그렇군요. Office나 한글의 암호 기능만 사용해도 내 정보가 원치 않게 유출되는 경우를 막을 수 있겠네요.

박보안 우리가 배웠던 암호 만드는 방법 잊지 않았지? 암호를 여러 개 만들고, 용도에 맞게 사용한다면 자주 바꿀 필요는 없어. 다만 한 개의 암호를 모든 사이트에 사용하는 것은 '내 정보 가져가세요.'라고 하는 것과 똑같아. 암호는 길게 만들수록 암호화 해제를 위한 시간이 기하급수적으로 오래 걸리니까, 저번에 알려준 암호 만드는 방법을 이용해서 암호를 만들어야 해.

이철벽 네, 명심하겠습니다.

이 대리는 백업의 소중함을 다시 깨닫는다. 랜섬웨어에 걸려 파일이 암호화됐을 때 데이트를 취소한 뒤 당했던 아픔이 기억났다.

1. 중요한 파일은 외장 하드디스크로 백업을 받는다. 최근 랜섬웨어는 네트워크로 연결된 파일 서버도 암호화하므로, 파일은 꼭 외장 하드디스크, USB에 백업을 받는다.

2. 윈도우는 주기적으로 이미지 백업을 받아 놓는 것이, 새로 설치해야 할 상황에 대비할 수 있어 안전하다(Windows : 제어판 → 백업 및 복원 → 시스템 이미지 만들기).

3. 기업에서는 디스크, 테이프 등 여러 매체를 통해 이중 삼중으로 백업을 받아야 하며, 업무의 연속성을 보장할 수 있는 비상계획을 세워야 한다.

4. 하드디스크가 고장 날 수 있으므로, OS와 데이터 영역을 분리하여 사용해야 한다.

✓ 표 1-11 백업하는 방법

한글: 문서 저장 → 하단 문서 암호

오피스: 문서 저장 → 하단 도구 → 일반 옵션

✓ 표 1-12 문서에 암호 거는 법

✔ 참고	
http://www.medicurity.com/7	백업 및 복원 방법

제발 좀 읽어봐

이철벽 컴퓨터가 왜 이리 느려졌지?

이 대리는 느려진 컴퓨터의 원인을 찾기 위해 컴퓨터를 이리저리 뒤적거리고 있었다. 몇십 분을 머리를 갸웃거리며 있는 모습을 본 박 과장은 슬쩍 이 대리의 모니터를 살펴봤다. 이 대리는 CPU 사용량을 측정하는 프로그램과 작업관리자를 띄워놓고 느려지게 만드는 원인을 찾기 위해 애쓰고 있었다.

박보안 뭐하고 있어?

이철벽 컴퓨터가 느려진 것 같아서요. 혹시나 해서 작업관리자를 살펴보고 있어요.

박보안 혹시 최근에 프로그램 설치하거나 업그레이드한 적 있어?

이철벽 어, 어떻게 아셨어요? 가끔 쓰는 프로그램은 업그레이드를 잘 하지는 않는데, 어제 잘못 클릭해서 업그레이드가 됐어요.

박보안 꼭 그게 원인이라고는 할 수 없지만, 프로그램을 설치할 때 내가 원하지 않은 다른 프로그램도 설치되는 경우가 많거든. 그래서 진행 상황을 잘 읽어보고 설치해야 해.

이철벽 에이, 프로그램은 그냥 '다음', '다음' 클릭해서 설치하면 되는데 꼭 그래야 돼요?

박보안 이 대리! 보안을 배우려고 하는 사람은 섬세해야 해. 조그만 것 하나에서 힌트를 얻고 문제를 해결해야 하는데 그렇게 대충대충 해서 어떡하려고 그래?

박 과장은 정색을 하며 이야기를 이어나갔다

박보안 이 대리, 혹시 화폐 단위 중에 '전'을 들어봤어?

이철벽 네. 들어봤어요. 조선시대에 사용하던 화폐단위 아니에요?

박보안 '전'은 지금도 사용되는 화폐단위인데, 1원이 100전이야. 보통 그 단위를 잘 사용하지 않지만, 지금도 환율에는 사용되고 있어. '1달러=1200.50' 이렇게 표현되고 '1200원 50전' 이렇게 얘기하지.

이철벽 그런데 왜 갑자기 '전' 얘기를 하세요?

박보안 은행에서 이자를 계산할 때, 전 단위는 보통 절사하거든. 그런데 그 전 단위의 돈을 모아서 한 통장에 모으면 어떻게 될까?

이철벽 에이, 그게 얼마나 되겠어요?

박보안 보통은 그렇게 생각하지만, 은행에서 1년에 이자를 4번 발생시키고 절사되는 금액이 50전, 은행계좌를 갖고 있는 인구가 3000만 명이라고 가정하면 6000만원이 되지. 실제로 독일 은행에서 금리계산 프로그램 개발자가 프로그램을 조작해 이자를 한 계좌에 모아서 가로챈 사례가 있어.

50전(0.5원) X 3000만 명 X 1년에 4번 = 6000만원

이철벽 보잘 것 없어 보이는 50전을 모으니 엄청난 금액이 되네요. 와!

박보안 그래서 보안하는 사람들은 일반인이 무시할 만한 것도 자세히 읽어보고, 따져보고 해야 하는 거야.

박 과장은 이 대리에게 해킹 사례에 대해 얘기하면서, [제어판]의 [프로그램 및 기능]을 클릭했다.

박보안 어제 프로그램을 업그레이드하면서 다른 프로그램도 설치되었네.

이철벽 어, 저는 그런 거 설치한 적 없는데요?

박보안 그러니까 잘 읽어봐야 하는 거야.

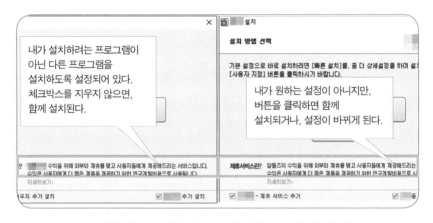

✓ 그림 1-14 프로그램 설치 시 의도하지 않은 프로그램 설치 가능성

박 과장은 어제 업그레이드했다는 프로그램을 다시 실행했다. 화면에는 프로그램의 설치를 위한 화면이 나왔다.

박보안 여기 밑에 봐봐. 추가로 프로그램을 설치한다고 돼있지?

이철벽 어, 정말 그러네요.

박보안 많은 프로그램에서 설치 시에 내가 원하지 않은 다른 프로그램도 같이 설치되는 경우가 많아. 다행히 저 프로그램들은 특별하게 문제는 없어 보이지만 일부 프로그램의 경우, 사용자의 정보를 빼내가는 스파이웨어인 경우도 있어. 그러니 프로그램 설치할 때 잘 읽어보고, 내가 필요로 하는 프로그램 이외에 다른 프로그램이나 서비스가 설치되지는 않는지 확인해야 하는 거야. 그리고 프로그램을 설치하고 나서도 가끔 뜨는 창에서도 서비스를 바꾸려는 시도를 하니, 내가 클릭하기 전에 무슨 내용인지 꼭 확인하고 나서 클릭해야 해.

주기적으로 알려주는 팝업인데, 여기도 체크박스가 되어 있다. 체크박스를 끄지 않으면, 시작페이지가 바뀐다

✓ 그림 1-15 시작페이지 변경 메시지 창

박보안 특히나 툴바 같은 경우에 브라우저 속도를 느리게 만들게 되니, 꼭 필요한 경우에만 설치하는 편이 좋아.

이철벽 프로그램 설치하면서 다른 프로그램이 설치되는 줄 몰랐어요. 앞으로는 프로그램 설치할 때 꼭 읽어봐야겠네요.

1. 프로그램 설치할 때, [다음], [다음]을 클릭하여 설치하지 말고, 꼼꼼히 읽어보고, 필요하지 않은 프로그램이 설치되는 것을 차단한다.

2. 인터넷 익스플로러의 Active-X 프로그램도 시스템의 속도를 느리게 하는 원인이며, 때때로 불법적인 일을 하는 경우도 있다. [인터넷옵션] → [프로그램] 탭 → [Internet Explore 추가기능 보기 및 관리] → [도구모음 및 확장 프로그램]에서 삭제 할 수 있다.

✅ 참고

http://www.medicurity.com/8	Active-X 제거 방법

어, 난데!

이철벽 감사합니다. 전산실 이철벽입니다.

부사장 어, 전산실이지? 난데. 지금 급한 결제 때문에 그룹웨어[08]에 로그인을 해야 하는데 안 되네. 내가 비밀번호를 잘못 알고 있는 것 같아서 그러니 비밀번호 좀 알려줘!

이 대리는 느닷없는 전화에 당혹스러웠다.

이철벽 '도대체 누굴까? 말투로 봐서는 높은 사람 같아', 저, 아이디를 알려주세요.

부사장 아이디는 secondboss야. 급하게 결재할 문서가 있으니 빨리 알려줘.

이 대리는 재촉하는 소리를 들으면서, 비밀번호 초기화 프로그램을 실행했다. 아이디를 조회하니 부사장 아이디였다.

이철벽 부사장님. 비밀번호를 알려드릴 수는 없구요. 몇 가지 확인 후 비밀번호를 초기화해 드리겠습니다.

부사장 아니, 자네 지금 나를 못 믿겠다는 건가? 도대체 마 부장은 직원 교육을 어떻게 시킨 거야? 당장 마 부장 바꾸게.

이철벽 부사장님. 그런 게 아니라, 절차가 있어서 그럽니다.

---

08 그룹웨어: 여러 사용자가 통합된 환경에서 업무를 볼 수 있도록 해주는 프로그램. 메일, 전자결재, 게시판, 채팅프로그램 등으로 구성된다.

부사장의 날카로운 목소리를 들은 이 대리는 어떻게 해야할지 판단이 안 됐다.

이철벽 원칙을 지켜야 할까? 그러면…

갑자기 길길이 날 뛸 것 같은 마 부장의 모습이 떠올랐다. 전화기에서는 부사장의 목소리가 계속 들려왔다.

부사장 빨리 마 부장 바꾸라는데 뭐하고 있나? 자네 이철벽이라고 했나?

이철벽 아, 예. 지금 비밀번호를 바로 바꿔드리겠습니다. 주민번호 뒷자리로 초기화해 뒀으니, 사용하시면 됩니다.

부사장 음, 이 대리 앞으로는 조심하게!

이철벽 휴, 십년감수했네.

마침 지나가던 박 과장이 한숨을 쉬는 이 대리를 보고 말을 걸었다

박보안 무슨 일이야? 넋 나간 얼굴을 하고 있네?

이철벽 지금 부사장님한테 전화가 와서 비밀번호를 바꿔달라고 하셨는데…

박보안 막무가내로 바꿔달라고 하셨지?

이철벽 과장님이 그걸 어떻게 아세요?

박보안 내가 그랬으니까 알지.

이철벽 그럼 방금 부사장님 전화를 과장님이 하신 거에요? 그런 줄도 모르고 얼마나 긴장했는지 아세요?

박보안 지금 이 대리가 받은 전화처럼 무시할 수 없는 권력과 쫓기는 사람의 심리를 이용해서 정보를 빼내거나 원하는 방향으로 유도하는 것을 '사회공학적 공격 social engineering attacks '이라고 해.

이철벽 사회공학적 공격이요?

박보안 그래. 사회공학적인 공격은 사람의 마음 깊숙이 있는 심리를 교묘하게 속여 정상적인 보안 절차를 깨뜨리는 방법이야. 대부분의 사람은 갈등을 싫어한다는 가정하에 사람을 공격하는 기법이지. 가장 먼저 공격 대상에 대한 모든 정보, 즉 가족 관계, 직장 생활, 친구관계, 사회적 활동 등의 다양한 자료를 수집하고, 수집된 자료를 분석하여 관계를 형성해 오프라인 모임이나 온라인을 통해 대상에게 접근한 뒤, 신뢰감을 형성했다고 판단될 경우, 그동안 수집된 정보를 바탕으로 공격을 감행하는 거야.

✔ 표 1-13 사회공학적 공격의 절차

박 과장은 사회공학적 공격의 절차를 설명했다.

박보안 이 대리가 지금 당한 공격은 '권력이용하기'의 일종이라고 볼 수 있지.

이철벽 그런데요, 제가 만약 전화를 통해 비밀번호를 안 바꿔줬으면 어떻게 되나요?

박보안 해커가 약이 오르면, '당장 내 방으로 뛰어와!'라는 말을 해서 이 대리를 약 올려주겠지. 그런데 보통 사람들은 마찰을 일으키고 싶지 않기 때문에 대부분 요구사항을 거의 들어주게 돼있어.

이철벽 그러네요. 해킹하는 것에 사회공학적인 방법도 있었네요.

박보안 생각보다 많이 쓰고, 효과적인 공격법이야. 전설적인 해커인 케빈 미트닉 Kevin Mitnick 은 '인간의 멍청함에는 어떤 패치도 없다'라고 말했을 정도야.

그때, 이 대리의 전화벨이 울렸다.

부사장 여보세요? 전산실이죠? 난 부사장인데요. 그룹웨어에 로그인이 안 돼서 그러는데 어떻게 해야 하나요?

이 대리는 박 과장에게 속삭였다.

이철벽 진짜 부사장님에게서 전화가 왔어요.

박보안 아, 맞다! 아까 비밀번호 진짜로 고쳤지. 빨리 바꿔드려!

이 대리는 진짜 부사장의 비밀번호를 절차에 따라 바꾸는 척하면서 '주민번호 뒷자리로 초기화 해 드렸습니다.'라고 말하고 전화를 끊었다.

박보안 흠... 이 대리, 보안상의 가장 큰 취약점은 프로그램이나 서버가 아니라 사람에게 있어. 사람을 해킹한다는 것은 가장 효과적인 해킹방법이고, 속임수 중 가장 위대한 예술은 사회공학 기법이지. 가끔은 자료수집을 위해 쓰레기통을 뒤져야 할지 모르지만 말이지.

박 과장은 멋쩍은 듯 헛기침을 하고 자기 자리로 돌아갔다.

유형	방법	설명
직접적인 접근 (direct approach)	권력이용하기	조직에서 높은 위치에 있는 사람으로 가장
	동정심에 호소하기	무척 긴급한 상황에서 도움이 필요한 것처럼 행동
	가장된 인간관계 이용하기	어떤 사람의 친구로 가장해 신뢰감 형성
도청 (eavesdropping)		도청장치 설치, 혹은 유선 전화선의 중간을 따서 도청하거나 유리나 벽의 진동을 레이저로 탐지해 이를 음성으로 바꿔 도청
어깨너머로 훔쳐보기 (shoulder surfing)		공격 대상의 주위에서 직접적인 관찰을 통하여 그가 기업 내에서 수행하는 업무 내역과 전화 통화 내역 등을 어깨너머로 훔쳐보면서 공격 대상과 관련된 정보를 수집
휴지통 뒤지기 (dumpster diving)		가정 또는 직장에서 무심코 버리는 메모지, 영수증 또는 업무 중 발생된 자료 등 공격 대상과 관련된 문서를 휴지통에서 수거해 유용한 정보를 수집
설문조사 (mail-outs)		공격 대상의 관심을 끌 만한 사항을 설문한 후, 공격 대상의 개인적인 취미, 가족사항 등의 개인정보와 함께 사회적인 활동과 관련된 다양한 정보를 수집
목마타기 (tailgating)		출입통제 시스템에서 신원이 확인된 앞 사람을 따라 출입

✔ 표 1-14 사회공학적인 공격 유형

어깨너머로

미란이와 만난 지 100일이 다가왔다. 이 대리는 어떤 이벤트를 해야 미란이와 더욱 친해질 수 있을까 고민하고 있었다.

이철벽 앗싸! 불금. 그리고, 오늘은 만난 지 100일 기념일!

이 대리는 오늘 저녁 미란이와의 데이트를 위해 폭풍 검색을 시작했다.

이철벽 오늘 정시 퇴근해서 명동에서 만나 케이블카를 타고 남산에 올라 드라마에서 자주 나오는 레스토랑에서 멋진 저녁을 먹고, 타워를 내려와서 열쇠 하나 사서 채우면서 우리의 사랑을 확인하는 거지. 미란이의 집에 바래다주면서… 오, 완벽해!

언제나처럼 점심시간이 되자 마 부장이 소리쳤다.

마관리 자, 식사하러 가지.

이철벽 과장님. 오늘은 또 뭘 먹죠? 매번 고민이에요.

박보안 그럼 우리 구내식당에 먹으러 가자. 주는 대로 먹으면 되니 고민할 것 없잖아.

이철벽 에이, 그래도 오늘 같은 불금에 맛난 거 먹고 싶어요.

박보안 시키면 남자끼리 뭐 그런걸 따지나? 좀 이따 남산타워에서 데이트하려면 돈 아껴야 할 것 같던데?

이철벽 헐, 과장님 어떻게 아셨어요? 혹시 제 컴퓨터 감시하시는 건가요? 저 열심히 일하는데, 꼭 그렇게까지 컴퓨터를 살펴봐야 해요? 어떻게 아셨어요? 어떤 프로그램 설치하셨어요. 몹시 섭섭하네요.

박보안 이 대리, 우리 회사가 사원 감시하는 장비 산 적 있어? 아님, 내가 이 대리 컴퓨터에 악성코드라도 심어놨다는 거야?

이철벽 그럼, 점심시간 바로 전에 생각한 오늘 데이트 계획을 과장님이 어떻게 아시는 거에요?

박보안 비밀! 밥이나 먹으러 가자고.

이 대리는 밥을 먹으면서도 박 과장이 어떻게 자신의 데이트 계획을 알았는지 몹시 궁금했다.

이철벽 '음, 뭔가 비밀이 있는 것이 분명해', 잘 먹었습니다. 오늘 일이 있어 먼저 일어나 보겠습니다.

이 대리는 밥을 입에다 퍼 넣듯이 먹고, 먼저 일어나서 사무실로 돌아왔다.

이철벽 분명 무슨 프로그램을 깔았을 거야.

한참 동안 컴퓨터의 프로그램을 살펴봤지만 이상한 점을 찾을 수 없었다.

박 과장은 마 부장과 함께 커피를 손에 들고 웃으며 사무실로 들어와 자리에 앉으면서 이 대리를 바라보았다. 모니터를 눈에서 나오는 레이저로 뚫어버리겠다는 듯이 쏘아보고 있었다.

박보안 '홋, 모니터 쳐다봐도 아무것도 안 나온다.'

점심시간이 한참 지난 시간까지 이 대리는 모니터를 쳐다보고 있었다. 그러나 어떻게 데이트 정보가 누설됐는지 알 수 없었다.

이철벽 박 과장님.. 오늘 데이트 계획 어떻게 알았어요? 컴퓨터를 아무리 찾아봐도 특이한 점을 찾을 수 없었어요.

박보안 맨입에?

이철벽 아이! 정말 너무하시네. 진짜로 이러실래요?

박보안 알았어. 오늘 열심히 노력했으니 특별히 알려줄게. 하지만 알고 나면 실망할 걸?

이철벽 정말 뜸들이지 말고 어서 알려주세요.

박보안 아까 화장실 가다가 이 대리가 정말 열심히 집중하고 있길래, 도대체 뭘 하나 싶어서 모니터를 좀 훔쳐봤지. 뭐 남산타워 나오는 블로그를 보고 있길래 오늘 데이트를 남산타워에서 하나보다 그렇게 생각했지 뭐.

이철벽 에이, 설마요. 어떻게 아셨는지 알려주세요!

박보안 진짜라니까! 보통 해킹이라고 하면, 후드티 모자를 깊게 눌러쓴 해커가 첨단장비에 최신 기법을 통해 정보를 얻는다고 생각하지만, 상당히 많은 정보가 모니터를 통해 유출되고 있어.

이철벽 정말 모니터로 훔쳐보신 거에요?

✓ 그림 1-16 어깨너머로 훔쳐보기

박보안 이 대리 잠깐 내 자리로 와봐.

박 과장은 자기 자리에 앉아서 브라우저를 켠 뒤, 모니터의 보안필름을 빼고 뉴스를 클릭했다.

박보안 이 대리, 내가 뭘 하고 있지?

이철벽 뉴스를 보고 계시네요.

박보안 모니터를 쳐다보니 내가 어떻게 알았는지 알겠지? 모니터를 보면 그 사람이 뭘 하고 있는지 안다니까?

이철벽 너무 간단해서 어이가 없네요. 어떻게 이럴 수 있지요?

박보안 그렇지. 사람들이 보안에 대해 환상을 갖고 있지만, 대부분은 조그만 부주의를 통해 정보가 유출되는 거야.

박 과장은 보안필름을 화면에 다시 끼웠다.

박보안 이젠 어때?

이철벽 어! 화면이 잘 안 보여요.

박보안 지금 화면에 설치한 것은 보안필름인데, 사람들이 옆에서 모니터를 보지 못하도록 하는 거야. 중요한 정보를 다루거나 다른 사람이 내가 뭘 하는지 알지 못하게 하려면 보안필름을 사용하는 것이 좋지.

박 과장은 말을 마치며 뒤를 돌아보았다.

이철벽 지금 당장 사야겠어요.

✔ 그림 1-17 보안필름을 부착한 노트북의 정면과 측면 사진

박보안 그리고 이 대리, 보안필름으로 모니터를 통한 정보 유출은 어느 정도 막을 수 있어. 또 한 가지 주의할 것이 있는데…

이철벽 그게 뭐예요?

박보안 우리가 컴퓨터에 뭘로 입력하지?

이철벽 키보드와 마우스요.

박보안 맞아. 키보드와 마우스. 그런데 키보드는 누구나 입력하는 모습을 볼수 있지?

이철벽 네.

박보안 그런데 비밀번호를 입력하는데 'qwer1234' 같은 비밀번호를 넣었다고 하면, 옆에서 지켜보던 사람이 알 수도 있겠지?

이철벽 아! 그러겠네요.

박보안 그러니 비밀번호 같은 것도 입력할 때는 옆에서 누가 지켜보고 있지는 않은지 조심해서 입력해야 해. 옆에서 지켜볼 때 패턴을 알 수 있는 비밀번호는 좋지 않지.

이 대리는 자기 자리로 돌아가서 쇼핑몰 사이트로 들어가 보안필름을 검색했다.

이철벽 아, 비싸다. 그래도 하나 사야겠지?

이 대리는 보안필름을 구매하려다 급한 전화가 와서 결제하지 못했다.

✔ 셀프 보안을 위한 팁!
1. 상당히 많은 정보가 모니터를 통해 유출된다. 모니터에 보안필름을 설치하는 것이 좋다.
2. 비밀번호를 입력할 때는 주변에 지켜보는 사람이 있는지 확인한 뒤 입력한다.
3. 비밀번호는 옆에서 지켜보더라도 잘 알 수 없게 설정해야 한다. '12345678' 같이 키가 일렬된 암호는 최악이다.
4. 만약 보안상 민감한 문서는 파쇄기에 넣어 폐기한다.

인터넷 세상 속으로

맛있는 쿠키, 무서운 쿠키

이 대리가 보안을 배우기로 한 지도 벌써 한 달이 지났다. 바쁜 와중에 짬짬이 배우고, 실제 생활에서 경험을 통해 보안에 대해 서서히 알아가고 있었다.

박보안 이 대리. 지난 주까지는 PC 보안을 알아봤는데, 오늘부터 인터넷 보안에 어떤 것이 있는지 알아보자. 우선 쿠키 cookie 에 대해 알아볼 거야. 이 대리 쿠키 알지?

이철벽 웹 프로그램에서 쿠키를 이용하면 여러 가지 기능으로 활용할 수 있다는 정도는 알고 있습니다. 방금 밥을 먹었는데도 달달한 초콜릿 쿠키가 생각나는데요?

박보안 이 대리. 장난할 거야?

이철벽 과장님. 집중하겠습니다. 죄송합니다.

박 과장은 이 대리의 썰렁한 농담이 우습기는 했으나, 곧 업무에 복귀해야 해서 마음이 급했다.

박보안 쿠키는 인터넷 사용자가 웹사이트를 방문할 때, 사용자의 컴퓨터에 자동으로 만들어지는 임시 텍스트 파일이야. 이 대리 가끔 인터넷 사이트에 로그인했다가 브라우저를 모두 종료한 다음 다시 브라우저를 열고 해당 사이트에 들어갔을 때 계속해서 로그인돼 있었던 적 있지?

이철벽 글쎄요. 잘 기억이 안 나는데요?

박보안 어이구, 잘 기억해보고 조금 이따가 사무실 가서 확인해보자. 그 쿠키는 로그인뿐만 아니라 사용자의 활동 기록을 수집해 뒀다가 사용자가 다시 웹사이트에 접속하면, 쿠키에 저장된 정보를 이용해 사용자에게 맞춤형 광고를 제공하거나 사용자 맞춤 콘텐츠를 제공하기도 해. 쇼핑몰에서 관심 있는 물품을 장바구니에 담아 두면 며칠이 지나도 계속 남아있는 것도 쿠키 덕분이지.

이철벽 박 과장님, 그럼 사용자에게 편리하게 이용되니까 좋은 거 아니에요?

박보안 세상 모든 것이 그렇지만 항상 좋은 면만 있는 것은 아니야. 좋은 점이 있으면 나쁜 점도 있지. 우리에게 로그인을 계속하지 않아도 되고, 인터넷에서 기억해야 할 부분을 줄여주는 장점이 있지만, 사용자의 개인정보를 노출하거나 개인의 웹 이용 패턴을 수집하는 문제점이 발생하게 되지. 쿠키는 웹사이트에서 만들기 때문에 사용자가 검색한 내용, 사용자가 본 페이지, 상품 구매내역, 신용카드 번호, 아이디, 비밀번호, 접속자 IP 등을 저장해 놓을 수 있어. 웹페이지에서 수집 가능한 모든 정보를 쿠키에 넣어 둘 수 있어.

이철벽 그럼 쿠키라는 기능을 왜 쓸까요? 편리하기도 하겠지만, 취약점도 있는데요.

박보안 쿠키는 웹의 특성상 클라이언트와 서버 사이의 정보를 보관하기 위해 만들어졌거든. 예를 들면 이용자가 사이트를 한 번 방문한 뒤에 언제 방문할지 모르기 때문에 최종 방문할 때의 정보를 컴퓨터에 보관해 두고 있다가 서버와 접속이 되면 쿠키에 저장된 정보를 다시 보내줘 마치 계속 연결된 것처럼 보이도록 만들어 주는 거야. 먼저 얘기했듯이 ID를 한 번 입력해 놓으면, 브라우저 접속 시 계속 정보를 갖고 있는 거야.

박 과장은 말을 몰아서 하느라 숨이 가빴는지 잠시 숨을 돌렸다.

박보안 그런데 문제는 쿠키 정보를 클라이언트에 보관한다는 거지. 누군가가 클라이언트의 쿠키를 위조한 뒤 서버로 전송하고, 서버가 해당 정보를 신뢰해서 처리하게 되면 문제가 되는 거지. 쿠키를 보관할 때도 평문으로 저장한다면 누구나 볼 수 있으니까 문제가 심각해지지.

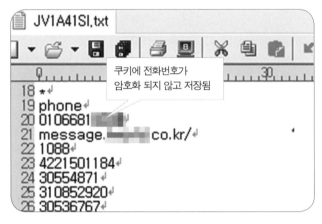

✔ 그림 2-1 쿠키에 저장된 전화번호 사례

박보안 내 컴퓨터에서 찾아본 쿠키 중 일부에는 몇 달 전에 통신사의 홈페이지에서 SMS를 보냈던 전화번호가 남아 있다는 사실을 알 수 있어. 나는 전혀 기억을 못하는데, 이런 기록이 컴퓨터에 남아 있으면 기분이 나쁜 것은 물론이고, 컴퓨터가 해킹 당하면 위변조가 될 수도 있고 개인정보가 유출될 수도 있으니 조심해야지. 그리고 악의적인 해커들은 간단한 도구를 통해 쿠키 내용을 바꿔서 서버 인증을 우회하는 방법을 사용하기도 해.

이철벽 몇 자 안되는 쿠키 내용 때문에 이상이 생길까요?

✓ 그림 2-2 **쿠키 변조 프로그램**

박보안 쿠키에 저장되는 내용은 사이트마다 다르긴 한데, 사이트에 따라선 아이디, 검색기록, 쇼핑목록 같은 정보들도 저장이 돼. 그걸 분석하면 개인의 성향도 분석할 수 있어서 피싱의 확률을 높일 수 있지. 이 대리가 뉴스사이트에서 따라다니던 민망한 광고도 쿠키에 저장된 내용을 갖고 자동으로 보여주는 거야.

이철벽 흐흠. 그 얘기를 왜 여기서 하세요. 그럼 쿠키를 어떻게 하는 게 좋아요?

이 대리는 호기심에 클릭했던 성인용품 광고가 한참 동안 뉴스사이트 배너 광고에 나와서 진땀을 뺐던 기억에 급히 말을 바꿨다.

박보안 가능하면 쿠키가 저장되지 않도록 해야 하지. 개인은 자동로그인의 편리함을 위해 쿠키를 이용하고, 인터넷 회사들은 광고의 효율성을 측정하기 위해서 쿠키를 사용하지만, 내가 어떤 사이트에서 무슨 행동을 하는지 모두 기록되니 누군가가 악용하려고 마음만 먹으면 프라이버시에 문제가 생길수 있어. 그러니 주기적으로 쿠키를 삭제해 주는 게 좋아.

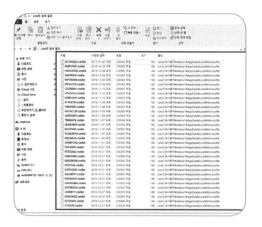

✓ 그림 2-3 컴퓨터에 있는 수많은 쿠키

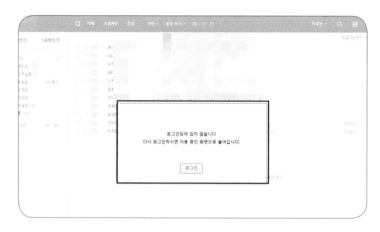

✓ 그림 2-4 로그인 상태에서 쿠키를 삭제하니 로그인 정보가 삭제되어
다시 로그인해야 되는 현상이 발생

✅ 셀프 보안을 위한 팁!	
쿠키, 임시 인터넷 파일 등을 주기적으로 삭제해 주는 것이 보안상 안전하다.	
크롬	우상단 ⋮ → 설정 → 인터넷 사용 기록 삭제
인터넷 익스플로러	설정 → 인터넷 옵션 → 일반탭 → 삭제

✓ 표 2-1 **쿠키 삭제 방법**

✅ 참고	
http://www.medicurity.com/9	쿠키를 삭제하는 방법

그 사이트에 무슨 일이

박보안 이 대리, 매번 이론적인 내용만 들으니 재미없지?

이철벽 뭐 비밀번호 설정이나 사회공학적인 공격방법, 업데이트, 백업 같은 내용이 중요하지 않은 것은 아니지만, 이게 보안의 전부인가 싶기는 해요.

박보안 내가 이 대리 지겨워할 줄 알고 오늘은 실제로 모의 해킹(취약점 점검)하는 도구를 갖고 어떻게 이용하는지, 사이트에 어떤 일이 일어나고 있는지 보여줄게.

박 과장은 준비한 노트북을 켜서 이 대리에게 보여준다.

> proxy 도구를 이용해 컴퓨터와 서버 사이의 데이터 전송을 확인할 수 있다.

✔ 그림 2-5 웹 프록시 도구인 Burp Suite

박보안 이 도구는 Burp Suite라는 도구인데, 웹브라우저와 웹서버 사이에 데이터를 전송할 때, 중간에서 가로채고 데이터를 바꿀 수 있어.

이철벽 오, 그런 방법이 있어요?

박보안 실제 보안 취약점 점검을 할 때 많이 사용하는 방법인데, 웹 프록시 Proxy 도구를 이용해 웹서버와 브라우저 사이에서 정보를 확인할 수 있고, 필요할 경우 데이터를 변조할 수 있어.

박 과장은 이 대리에게 웹 프록시 도구를 쉽게 이해할 수 있는 도표를 화면에 띄우고 설명하기 시작했다.

▶ 그림 2-6 정상 상태와 프록시 서버의 경우

박보안 인터넷은 서버와 클라이언트 간 서로 통신하면서 데이터를 주고받거든. 보통의 경우 직접 데이터를 주고받게 되는데, 프록시는 그 사이에 교환원을 두는 거야. 교환원은 통신 데이터를 모두 살펴보고, 취약점이 있는지 점검할 수 있게 되지. 예를 들면 아이디와 패스워드를 전송하는 중에 암호화 하지 않은 평문으로 전송해서 패스워드가 노출되는 경우를 발견하면 프로그 래머에게 웹 프로그램을 수정해서 암호화하게 하는 거야.

이철벽 음, 그러니까 중간에서 데이터를 가로채서 내용을 살펴보고, 서로 데 이터가 잘 교환되는지 확인한다는 말씀이네요.

박보안 맞아, 그리고 웹 프록시 도구를 통해 데이터를 변조해서 클라이언트 에 보낼 수 있는데, 그런 공격이 인터넷 익스플로러11에서는 통하지만 크롬 브라우저에서는 일어나지 않아.

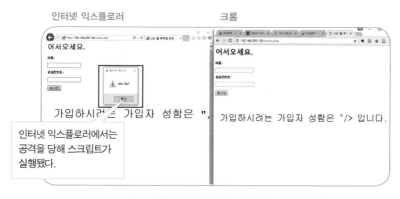

✔ 그림 2-7 같은 방식의 공격이 크롬에서는 통하지 않음

이철벽 그건 왜 그런가요?

박보안 크롬은 구글 세이프 브라우징이라는 기술을 적용해서 안전하지 않은 웹사이트를 사용자와 해당 웹 관리자에게 알려 피해를 사전에 방지하고 있 어. 감지한 위협 요소와 경고 표시에 대한 사항을 표시해서 수정할 수 있도 록 도와주지. 즉 악성코드 같은 것이 있다고 생각하는 경우에는 경고 메시지 를 보내서 주의를 당부하고 있어. 그리고 웬만한 변조는 스스로 차단하는 기

능을 갖고 있어서 사용자들의 안전한 인터넷 사용에 도움을 주고 있지.

물론 해당 프로그램이 완벽하지는 않아서 일부 오류가 발생하기는 하지만, 사용자의 주의를 불러일으키는 목적으로는 충분하지. 일단 화면이 빨갛게 변하면 놀라잖아.

이철벽 충분히 경고 효과는 있을 것 같아요.

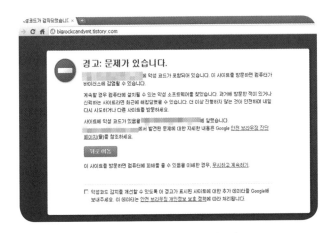

✓ 그림 2-8 크롬 세이프 브라우징

박보안 그렇지. 내가 가는 사이트에 어떤 위협이 있는지 알지 못하는데, 브라우저에서 알려준다면 잘 모르는 사람들에게는 충분히 도움이 될 거야. 그런데 요즘 구글에서는 암호화 통신 ^https^ 이 아닌 사이트를 경고하기도 해.

이철벽 암호화 통신이 뭐예요?

박보안 서버와 클라이언트 사이에 통신하는 내용을 암호화해서 주고받는 건데, 모든 내용을 암호화해서 주고받게 되면 다른 사람이 읽을 수가 없겠지? 자연스럽게 메시지를 변조해서 공격할 수도 없을 거구.

이철벽 그럼 모든 통신을 암호화해서 보내면, 자연스럽게 개인정보 유출이라든가 해킹을 방지할 수 있는 건 아닌가요?

박보안 그렇긴 하지만 모든 통신을 암호화하면 '암호화－복호화' 과정이 들어가기 때문에 더 많은 시간이 걸리게 되고, 또 하나의 문제점은 암호화를 해서 송수신하는 내용을 파악할 수가 없어서 방화벽[01]과 IPS[02]가 무력화될 수도 있어서 보안 정책을 잘 세워야 해.

✅ 셀프 보안을 위한 팁!

1. 인터넷 서핑은 구글 크롬을 사용하는 방법이 인터넷 익스플로러보다 안전하다.

2. 인터넷 익스플로러 버전11 이하는 사용하지 말고 엣지(Edge)[03] 브라우저를 사용해야 한다.

---

01 방화벽: 서로 다른 네트워크를 지나는 데이터를 허용하거나 거부하는 시스템. 주로 출발지 주소(IP)나 네트워크 포트를 제어한다.

02 침입차단시스템: 외부 네트워크에서 내부 네트워크로 침입하는 네트워크 패킷을 찾아 차단하는 시스템이다.

03 마이크로소프트 엣지: 마이크로소프트사의 새로운 웹 브라우저. 엑티브 엑스가 실행되지 않고, 웹 표준 기술을 지향한다.

매번 찾아오는 주말. 요즘 주말이 다르게 느껴지는 이유는 미란이 때문이다. 몇 달 전 직장동료인 자유씨의 소개로 만난 미란이는 이 대리의 주말을 들뜨게 만들었다. 주말마다 미란이를 만나 데이트를 즐기면서 세상이 달라 보이는 경험을 하고 있다. 특히 지난 달, 서울타워에서 했던 100일 기념 이벤트를 통해 더욱 가까워진 느낌이었다.

내일은 대학로에서 데이트를 하기로 했다. 이 대리는 미란이를 위해 연극표를 예매하고, 분위기 좋은 레스토랑을 예약했다. 이 대리는 내일 있을 데이트를 기대하며 잠자리에 들었으나 쉽게 잠에 들진 못했다.

이 대리는 오늘 데이트에 대한 기대 때문에 늦게 잠이든 탓에 11시가 넘어 일어났다.

이철벽 앗! 늦었다. 미란이와 1시에 만나기로 했는데⋯ 빨리 준비해야겠다.

이 대리는 스프링처럼 튀어 일어났다. 재빨리 준비하고 외출 준비를 하느라 시간이 걸렸다. 이 대리는 대학로 역에서 나와 헐레벌떡 뛰어 약속장소에 갔다. 멀리 보이는 미란이의 모습은 다소 짜증이 섞여 있었다. 시계를 보니 시간은 1시 15분을 가리키고 있었다.

이철벽 미란아, 늦어서 미안. 많이 기다렸지?

김미란 아냐. 나도 방금 왔어.

이 대리는 미란이가 자신을 배려하는 모습에 더 미안했다.

이철벽 미란아, 우선 레스토랑에서 식사를 하고, 연극 보러 가자.

이 대리가 미란이를 식당으로 안내했다.

이철벽 기다리는 동안에 뭘 하고 있었어?

김미란 어, 마침 비밀번호가 없는 공개 와이파이가 있어서 스마트폰으로 검색하고 있었어.

이철벽 뭐라고?

이 대리는 박 과장이 얘기해준 비밀번호가 없는 와이파이의 위험성이 생각났다.

이철벽 미란아, 인터넷은 패킷이라는 조그마한 조각으로 나눠 통신을 하게 되는데, 그 패킷은 지나가는 곳마다 열어서 볼 수 있어. 그런데 무료로 제공하는 와이파이는 누가 운영하는지도 모르고, 해커들이 어떤 작업을 해 놓았을 가능성도 많기 때문에 가능하면 쓰지 않는 편이 좋아.

김미란 에이, 잠깐 쓰는데 무슨 일이 있으려고?

이철벽 해커가 무선공유기를 해킹해서 악성코드를 배포하는 사이트로 유도한 뒤에 프로그램 설치를 유도하는 경우도 많아. 그럴 경우 의심 없이 프로그램을 설치하게 된다면, 해커가 스마트폰을 해킹하고 장악하게 돼 상당히 위험해.

김미란 정말 그렇게 위험한 행동이야?

이철벽 위험할 가능성이 높다는 거고, 반드시 그렇게 된다는 건 아니지. 우선 비밀번호가 없는 무선공유기는 사용하지 않는 것이 좋고, 혹시나 불가피하게 접속을 했을 때 프로그램 설치를 유도한다면 절대로 응하면 안 돼. 그리고 은행이나 증권거래 등 중요 정보 전송 시에는 반드시 통신사에서 제공하는 네트워크인 3G나 LTE 망, 통신사에서 제공하는 안전한 무선공유기를 이용하는 것이 좋아.

미란이는 '아! 그렇구나'라는 감탄의 표정을 지으면서도 다소 신경질이 났다.

김미란 오빠가 늦어서 잠깐 인터넷 좀 한 거 갖고 너무 하는 거 아냐?

미란이는 이 대리에게 짜증을 내며 뒤돌아 가려 했다.

이철벽 아니, 미란아! 그게 아니라 나는 조금이라도 안전한 환경에서 인터넷을 쓰라고 말한 거지. 미안.

이 대리는 뒤돌아 걸어가는 미란이를 쫓아가며 애원하듯 얘기한다.

이철벽 미란아, 나랑 같은 통신사니까 내가 데이터를 줄게. 앞으로 인터넷 쓸 때 내가 준 데이터를 써. 알았지?

김미란 알았어.

미란이는 못 이기는 척 돌아서서 슬며시 이 대리 팔짱을 끼고 공연장으로 향했다.

공유기 DNS를 변조하여 악성코드 배포사이트 접속

① 특정 웹사이트 접속

〈이용자〉

해킹된 공유기

② 해당 웹사이트의 IP 주소 요청

③ 악성코드 사이트의 IP 주소 제공

〈공격자 DNS 서버〉

④ 악성코드 사이트(변조된 사이트)로 접속

악성코드 배포사이트

감염된 공유기를 통해 변조된 사이트로 접속시 일어날 수 있는 일

 현재 접속한 페이지(실제 변조 사이트)에서 위와 같은 경고 메시지를 받았다면 주의해야 합니다!
실제로는 악성 앱 설치를 유도하는 메시지 입니다.

Ex) 앱(app) 설치 유도

http://m.naver.com
페이지 내용

현재 방문하신 홈페이지는
네이버를 사칭한
변조사이트입니다. 확인버튼을
누르시고 네이버앱을 설치 후 방문해
주시기바랍니다.

| 취소 | 확인 |

Ex) 업데이트 유도

http://123.123.123.123
한층 개선된 chrome의 최신
버전이 출시되었습니다.
업데이트 후 이용해 주십시오.

✓ 그림 2-9 공짜 와이파이의 위험성

1. 암호가 걸리지 않은 무선공유기는 해킹될 가능성과 도청의 가능성이 있으므로 최대한 이용하지 않는다.
2. 불가피하게 이용하더라도 프로그램 설치를 유도하거나 이상한 메시지가 뜬다면 이용하지 않으며, 로그인을 하거나 금융거래를 하지 않는다.
3. 금융거래는 통신사에서 제공하는 3G/LTE 또는 안전한 와이파이를 이용한다.

스팸은 쓰레기

이 대리는 출근을 하자마자 가방을 내려놓고 컴퓨터 전원을 켰다. '삐' 소리와 함께 컴퓨터 팬 돌아가는 소리가 들려왔다. 탕비실로 가서 커피 한 잔을 타온 이 대리는 컴퓨터에 로그인을 하고 나서 메일을 보기 위해 브라우저를 열었다.

이철벽 아이 참, 스팸 SPAM 메일 지우는 것도 일이야.

이 대리는 나오는 욕을 참으며 스팸메일을 지우고 있었다.

박보안 아침부터 뭘 그리 구시렁거리나?

이철벽 매일매일 지워도 계속 스팸메일이 쌓여요. 얘네들은 사용자들이 싫어하는 것도 알 테고, 클릭하는 사람이 거의 없을 거라는 사실도 알면서 매일 이렇게 메일을 보낼까요?

박보안 글쎄, 스팸메일이 그렇게 효과가 없을까?

이철벽 요즘에 스팸메일을 누가 읽어요? 그리고 웬만한 메일프로그램에서는 스팸메일을 다 걸러내지 않아요?"

박보안 그렇긴 하지만 스팸메일을 보내는 비용이 얼마라고 생각해? 스팸메일은 비용이 거의 안 들거든. 비용대비 효과가 나름 뛰어난 편이니 광고하는 입장에서 스팸메일을 포기할 수는 없는 셈이지.

박 과장은 스팸메일에 대해 설명하기 시작했다.

박보안 최근 연구에 의하면, 사이버 공격의 91%가 이메일을 통해 시작한다고 해. 대부분의 공격이 스팸메일로 시작될 정도로 아직은 효과가 있다는 거지.

이철벽 왜 스팸메일이라고 불러요? 스팸은 햄 만드는 회사 아니에요?

박보안 '무작위 광고메일'을 스팸메일이라고 하는 것은, 예전 햄 만들던 스팸사가 대량의 광고지를 뿌렸기 때문에 그렇게 불리는 거지.

이철벽 아! 그래서 스팸메일이라고 불리는 거군요.

박보안 그래, 사이버 공격이 메일로 시작하는 이유는 메일 수신자의 심리를 교묘하게 이용하기 때문이야. 메일을 보내는 사람들은 수신자의 호기심과 공포, 성급함을 이용하는데, 회사로 온 메일 중에 흥미로운 메일에 대한 호기심이야 억누를 수 있겠지만, '일을 못한다는 소리를 들으면 어떡하지?', '평판이 안 좋아지면 어떡하지?', '회사에서 쫓겨나면 어떡하지?' 같은 공포심리는 어쩔 수가 없는 거지. 대량의 메일을 보내는 사람들은 그런 공포심리를 교묘하게 이용해서 스팸메일을 클릭하도록 유도하고 있어. 일을 빨리 처리하려다 보니 실수를 하게 되고, 그런 실수를 유도해서 메일을 클릭하도록 하는 거지.

이철벽 그렇게 깊은 뜻이 있었어요?

박보안 그리고 예전 스팸메일은 단순히 광고를 보내는 정도였는데, 이제는 개인정보를 얻어내려고 보내는 피싱메일, 악성코드와 랜섬웨어를 보내는 이메일 등 온갖 사이버 공격의 시작이 메일로 시작되는 거야.

박 과장은 화면보호기가 떠 있는 컴퓨터에 암호를 넣어 화면보호기를 풀고 메일 사이트로 들어갔다. 스팸메일로 분류된 화면을 켜서 얼마나 많은 메일이 들어와 있는지 이 대리에게 보여줬다.

✓ 그림 2-10 스팸메일이 가득한 메일함

박보안 이 메일들은 포털 메일사이트의 스팸메일함인데, 받은 메일 중 일부를 자동으로 스팸메일로 구분한 거야. 스팸메일로 구분하는 경우는 '광고'라는 문구가 들어있거나, 예전에 스팸메일을 대량으로 보낸 계정에서 보낸 메일이거나, 스팸메일로 신고된 경우 등인데 상당히 잘 걸러내는 편이야. 그럼에도 불구하고 계속 메일을 보내는 방법을 연구해서 스팸메일 차단프로그램을 우회하는 방법을 찾고 있지.

박 과장은 메일함을 한 번 훑어보고는 설명을 계속했다.

박보안 그리고 호기심을 자극하는 제목이 눈에 띄지? '후불제/비아/씨알'이나, '국내최대 규모 릴소개해드립니다'라든가 사람들의 호기심을 자극해서 메일을 클릭해 달라고 유혹하지. 특히나 '국내최대 규모 릴소개해드립니다'라는 메일에는 첨부파일도 있는 걸 봐서는 악성코드를 송부했을 가능성이 높아. 그런데 외부로 공개되지 않은 회사 메일로도 일부 악성코드 메일이 들어오는데, 이건 2016년 3월에 받은 랜섬웨어 전파 파일이야.

☆	Johnathon _	FW: Order Status #693763	2016.03.22 01:34	14.0
☆	Romeo Sand _	FW: Order Status #044932	2016.03.22 01:30	14.3
☆	Rae Parris _	FW: Order Status #131287	2016.03.22 01:25	14.4
☆	Freddy Esp _	FW: Order F-929118	2016.03.17 01:44	14.7
☆		[긴급] 회사 내부메일에 신종 랜섬웨어 유입, 클릭 금지	2016.03.16 14:32	229.8
☆	Rae Nieves	FW: Payment ACCEPTED M-702626	2016.03.16 04:36	10.5
☆	Rosella Ca _	FW: Payment Declined PIN-887664	2016.03.14 23:59	7.3

✔ 그림 2-11 랜섬웨어 메일 사례

박보안 이때까지는 랜섬웨어가 한글화되지 않았는데, 영문으로 보낸 메일은 결제정보나 주문번호라는 제목을 써서, 회사에서 관련 업무를 하는 사람들은 읽어볼 가능성이 높게 만들어졌지. 그래서 일부 사람들은 메일을 클릭하게 되고, 첨부파일을 다운로드하고, 더블클릭하게 되면 모든 파일이 암호화돼 열리지 않는 것이지.

이철벽 그러니까 스팸메일을 보내는 사람들은 받는 사람들의 호기심을 자극하거나, 업무적으로 무능하다는 소리를 듣지 않기 위해 빠르게 처리하려는 심리를 이용해서 메일을 읽어보도록 자극한다는 거지요?

박보안 응. 거기에다가 메일을 보내는 비용이 거의 들지 않으니, 비용대비 효과는 아주 좋은 편이지. 그래서 메일을 통한 악성코드나 랜섬웨어를 전파하는 경우가 없어지지 않는 거야. 그리고 비용이 거의 들지 않으니 광고효과도 나쁘지 않겠지?

이철벽 그래도 아침마다 스팸메일 걸러내는 일이 너무 번거로워요.

박보안 스팸메일을 받지 않으려면 메일주소가 외부에 노출되지 않는 것이 가장 중요해. 메일주소를 업무용, 개인용, 그리고 게시판에 글을 쓸 때 사용할 메일 등으로 구분해서 관리하는 방법이 좋아.

이철벽 메일도 아이디, 패스워드처럼 구분해서 사용해야 한다는 뜻이군요.

박보안 바로 그거야. 그리고 확실한 사람에게서 온 메일이 아니면 첨부파일을 다운로드하거나 클릭하면 안 돼!

1. 모르는 사람에게서 온 메일이나, 내용이 이상한 메일의 첨부파일은 절대로 클릭해서는 안된다.
2. 사용하는 메일주소가 외부로 노출되는 것을 최대한 자제해야 한다.
3. 호기심에 의해 메일을 클릭하게 되면 스팸메일 보내는 사람들에게 유효한 메일이라는 신호를 주게 되므로 읽지 말고 바로 삭제한다.
4. 업무용, 개인용, 대외용 이메일을 구분해서 사용한다.

✔ 표 2-2 스팸메일 관리법

다음	환경설정 –〉 스팸관리
네이버	환경설정 –〉 스팸설정

✔ 표 2-3 스팸메일 설정법

✅ 참고	
http://www.medicurity.com/10	스팸메일 관리(다음, 네이버 메일)

중고장터에서 일어나는 일

이 대리는 고민스러운 얼굴로 박 과장을 쳐다보았다.

이철벽 하나 여쭤봐도 돼요?

박보안 뭔데?

이철벽 저, 사실은 제가 중고장터에서 물건을 하나 샀는데요, 이 사람이 물건을 보내기는 했는데, 신문지 구겨 넣은 것만 들어있더라고요.

박보안 그래? 뭘 샀는데?

이철벽 스마트 밴드요. 중고장터에서 잘 고르면 미개봉품이나 개봉만 했던 미사용품을 구할 수 있거든요. 그래서 가끔 이용해요.

박보안 나도 가끔 중고장터를 이용하는데, 조금 비싸다 싶으면 직거래를 이용하는 편이 좋아. 물건을 확인할 수 있는 직거래를 하는 방법이 확실하지.

이철벽 그렇긴 하죠. 이번에는 지방이라 직거래를 못했어요.

박보안 전형적인 중고물품 사기 같긴 한데, 이게 법적으로는 물건을 보냈기 때문에 사기라고 얘기하기도 그래. 판매자가 물건을 제대로 보냈다고 주장을 한다면, 서로의 주장이 다른 거잖아.

이 대리는 한숨을 내쉬었다.

이철벽 법적으로 사기가 아니라면 경찰에 신고를 해도 크게 도움이 안 될 텐데, 그럼 어떻게 해요?

박보안 다른 피해자가 있다면 경찰에서도 사기를 의심할 테니까 일단 신고해야지.

이철벽 에휴. 이런 식으로 종종 사기를 당하면서도 정신을 못 차려요. 몇 만 원 아끼려다가 큰 피해를 입었네요.

박보안 그래, 물건 보낸 사람한테 경찰에 신고한다고 통보하고 신고해. 크게 위로는 안 되겠지만, 앞으로는 안전거래(에스크로)를 이용해.

이철벽 안전거래요? 그건 뭐예요?

박보안 네가 지불하는 돈을 신뢰할 수 있는 기관에 맡겨놓고, 입금 확인이 됐다고 판매자에게 물건을 보내라고 통보해 줘. 그리고 구매자가 물건을 받은 뒤 판매자가 보낸 물건 상태를 확인하고, 거래가 완료됐다고 하면 신뢰할 수 있는 기관에서는 판매자에게 입금을 하는 시스템이지.

이철벽 그러면 확실하긴 할 것 같은데 번거로울 것 같아요.

박보안 물론 번거롭지. 번거롭다는 핑계로 안전거래를 피하는 판매자는 조금 의심해 볼 필요도 있어. 또 사기를 치는 사람의 전화번호, 계좌번호의 데이터베이스를 모아서 공개한 사이트도 있어.

이철벽 오! 그런 사이트가 있어요?

박보안 아마 그 친구도 해당 데이터베이스에 있을 수도 있어. 한 번 조회해 봐.

박 과장은 이 대리에게 thecheat.co.kr 사이트를 알려줬다. 이 대리가 사이트에 판매자의 전화번호와 입금한 계좌번호를 조회하니, 이전에도 신고된 적이 있는 계좌였다.

✓ 그림 2-12 사기피해사례 검색사이트

이철벽 아! 이 사이트를 먼저 알았다면 사기를 예방할 수도 있었겠네요.

박보안 맞아. 그리고 조금이라도 의심스러우면 안심거래 사이트를 이용하거나 직거래를 하는 편이 좋겠어.

✓ 그림 2-13 에스크로 서비스 흐름도

1. 중고거래사이트에서 거래할 때, 상태에 예민한 전자제품류는 직거래를 하는 편이 안전하다. 물건 상태가 인터넷에 올라온 설명과 같은지 확인하고 거래한다.

2. 중고 물품을 구입할 때 품질보증기간이나 제품 이상 발견 시 반품조건을 명시한 계약서를 작성하는 것이 좋다(대부분 작성하지 않고 있다).

3. 입금 거래를 할 때는 thecheat.co.kr에서 전화번호와 계좌번호를 확인해 보자.

내 컴퓨터의 악성코드

박보안 이 대리, 오늘은 악성코드에 대해 알아보자. 퀴즈 하나 내 볼게. 요즘 유행하는 가장 대표적인 악성코드는?

이 대리는 작업했던 파워포인트 파일을 날려 버리게 만든 랜섬웨어가 생각나 가슴 속부터 울분이 올라왔다. 해당 파일 뿐만 아니라, 컴퓨터 속에 있던 자료들 모두 암호화돼 한동안 업무를 보는데 큰 어려움을 겪었다.

이철벽 아, 랜섬웨어요. 저번에 제가 걸려서 엄청 고생했었지요.

박보안 맞아. 보통 악성코드들과는 달리, 돈을 벌 수 있어서 요즘 해커들의 돈벌이가 되고 있지. 그럼 다른 악성코드 생각나는 게 뭐가 있지?

이철벽 음... 바이러스가 생각나는데요. 다른 건 잘 모르겠어요.

박보안 컴퓨터에 해를 끼치는 프로그램 모두를 악성코드라고 생각하면 되는데, 가장 먼저 컴퓨터 바이러스, 웜, 랜섬웨어, 애드웨어, 트로이목마, 백도어, 루트킷 등이 있어. 악성코드는 그 종류에 따라 전파되는 경로가 다른데, 보통의 경우는 사용자가 악성코드 프로그램을 설치하는 경우가 대부분이야. 조금만 주의를 기울이면 악성코드에 감염될 가능성이 줄어들지. 다른 경우는 컴퓨터 운영체계의 오류나 프로그램의 오류를 통해 전파되는 경우도 있어.

이철벽 에이, 누가 자기 컴퓨터에 악성코드를 설치해요?

박보안 그 누구가 누구지? 이 대리는 그런 말하기 힘들 텐데?

이 대리는 머쓱해졌다.

박보안 물론 악성코드인 사실을 알고 설치하는 것은 아니지만. 메일이나 인터넷에서 내려받은 파일을 아무런 의심 없이 클릭하는 경우가 많아. 그럴 경우 컴퓨터가 악성코드에 감염되지. 그리고 정상적인 프로그램 설치 중에도 잘 읽어보고 설치해야 돼. 내가 원하는 프로그램을 설치하면서 다른 프로그램까지 설치되는 경우가 많아. 또 웹셸 web shell 이라는 것이 있는데, 웹셸은 웹서버에 실행 가능한 파일을 등록해서 웹서버의 관리자 권한을 취득하는 방법이야. 관리자 권한 취득 후에는 소스코드 열람, 서버 내 자료 유출, 백도어 프로그램 설치 등 다양한 공격이 가능해. 관리자가 할 수 있는 모든 행위를 할 수 있어서 굉장히 위험하지.

이 대리, 이왕 얘기한 김에 피싱, 파밍, 스미싱에 대해서도 알아보게 잠깐 회의실로 가지.

박 과장은 악성코드를 얘기하면서 '피싱', '파밍', '스미싱'에 대해 정리해 주는 게 좋겠다는 생각을 했다. 회의실로 간 박 과장은 칠판에 피싱, 파밍, 스미싱이라는 글을 쓰고 옆에다가 정의를 썼다.

용어	정의
피싱 (Phishing)	Privacy Data+Fishing의 줄임말. 아이디와 비밀번호, 신용카드번호, 계좌번호 등 개인정보를 불법적으로 알아내 이를 이용하는 사기 수법
파밍 (Pharming)	합법적으로 소유하고 있던 사용자의 인터넷 주소를 탈취하거나 도메인 네임 시스템(DNS)을 변조함으로써 사용자들로 하여금 진짜 사이트로 오인해 접속하도록 유도한 뒤에 개인정보를 훔치는 새로운 컴퓨터 범죄 수법
스미싱 (Smishing)	스마트폰 문자메시지를 통해 프로그램을 설치하거나, 소액 결제를 유도하는 피싱 사기 수법

✓ 표 2-4 피싱, 파밍, 스미싱의 정의

박보안 지금 우리가 얘기할 것은 피싱, 파밍, 스미싱인데, 한마디로 얘기하면 내가 가진 정보를 빼내 사기 치겠다는 얘기야.

이철벽 에이, 요즘 누가 그런 것에 사기를 당해요?

박보안 어, 이 대리, 피싱기법을 무시하는데, 정말 큰 코 다친다. 요즘 유행하는 피싱 기법 하나 알려줄게.

박 과장은 회의실의 노트북을 이용해 자신의 메일로 들어갔다. 그 중 하나를 클릭해 이 대리에게 보여줬다.

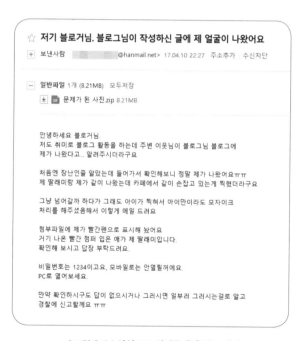

✔ 그림 2-14 악성코드 설치를 유혹하는 메일

박보안 이게 나한테 온 메일인데, 내가 운영하는 블로그에 올라온 사진 중에 자신 가족 사진이 허가 없이 게시됐다고 주장하고, 해당 사진을 클릭하도록 유도하고 있어. 내가 운영하는 블로그는 IT 관련 블로그라 가족사진 같은 개인적인 사진이 없기 때문에 '아하, 이거 내가 저 첨부파일을 클릭하도록 유도하는구나'하고 감이 왔지. 그 뒤에 내가 어떻게 했을 것 같아?

이철벽 당연히 확인을 하셨겠죠. 첨부파일을 다운로드하고, 압축을 풀어 확인했겠죠. 맞죠?

박 과장은 이 대리의 이마에 딱밤을 한 대 날렸다.

박보안 이 대리, 정신 차려. 지금 이 대리는 지난 번처럼 또 랜섬웨어에 걸려들 뻔 했어.

이철벽 아야, 그렇다고 때릴 것까지 있어요?

이 대리는 박 과장에게 맞은 이마를 손으로 만지면서 말했다.

박보안 나는 이럴 때를 위해 만들어 놓은 테스트용 가상 컴퓨터에서 메일의 첨부파일을 확인했어. 그 가상 컴퓨터는 언제든지 쉽게 새로 만들 수 있고 부담이 없으니 바이러스에 감염되어도 상관이 없잖아. 그 컴퓨터에서 압축을 풀어봤더니, 딱. '사진1.exe' 파일이 있잖아. 저 실행파일을 클릭하게 되면 내 PC는 이제 내 PC가 아닌 거야. 내가 입력하는 모든 입력값도 가로챌수 있고, 내가 만들어 놓은 파일도 전송할 수 있고, 다른 서버에 필요 없는 트래픽도 보낼 수 있지.

이철벽 와, 박 과장님 멋져요. 어떻게 저럴 줄 알았어요?

사진파일 중 하나가 실행파일이다.

✓ 그림 2-15 압축파일에 교묘히 숨겨진 악성코드 실행파일

박보안 아까 얘기했잖아. 난 블로그에 일반 사진을 올려놓지 않는다고. 그런데 생각해 봐야 할 점은 일반 블로거들은 개인적인 사진을 많이 찍어서 올리는데, 거기에 다른 사람들의 얼굴도 올라가게 되거든. 유명한 블로거들은 실제로 수정요청을 받는 경우가 많다는 거야. 그 점을 노린 셈이지. 이것도 일종의 인간관계를 이용한 사회공학적인 기법이야. 계속 얘기하지만, 인간의 기본적인 심리를 이용한 사회공학적인 기법은 절대로 없어지지 않고, 기술적인 방법보다 더 효과적이고 치명적이야.

이철벽 과장님처럼 보안에 대해 잘 아시고, 대비가 된 분들이야 저런 메일이 왔을 때 대비가 가능하지만요, 저 같은 일반인이 저런 메일을 받았을 때는 어떻게 해야 해요?

박보안 강조하자면 모르는 사람이 보낸 메일을 클릭하지 말고, 더군다나 첨부파일은 열어보지 않는 습관을 가져야 하지.

이철벽 저 메일 같으면 그래도 증거파일을 열어봐야 하잖아요?

박보안 "불편을 드려 죄송하다. 몇 번 게시물인지 찾을 수 없으니 알려달라." 같이 회신을 보내는 것도 방법이겠지.

이철벽 그래도 저 같은 소심한 성격은 그렇게 하기가 힘들어요.

박보안 그래서 사회공학적인 방법이라고 하는 거야. 사람들이 피해갈 수 없도록 계속 파고들어서 클릭하게 만드니까. 말처럼 쉽지는 않아.

1. 의심스러운 메일은 열지 않는다.

2. 아는 사람에게서 온 메일이라고 해도, 확실한 경우가 아니면 첨부파일을 열지 않는다. 첨부된 파일이 실행파일이라면 절대 열지 않는다.

장미의 유혹

퇴근을 한 홍고독 대리는 불이 꺼진 자신의 원룸에 들어갔다. 배가 고팠던 홍 대리는 즉석 식품을 전자레인지에 돌려 간단히 저녁을 해결했다.

홍고독 뭐하지? 맨날 보는 연예프로그램도 지겹고... 아! 채팅이나 해볼까?

홍 대리는 침대에 기대 랜덤채팅 프로그램을 실행했다. '화끈하게 놀 분 들어오세요'라는 자극적인 채팅방 이름이 눈에 띄었다. 홍 대리는 채팅창을 클릭해 방에 들어갔다.

채팅녀 어서오세요. 전 23세, 여대생이요. 님은요?

홍고독 전 남자, 서른 살, 직딩이요.

채팅녀 오빠 뭐하시다가 들어오셨어요? 전 레포트 쓰다가 지겨워서 스트레스 풀려고 왔는데.

홍고독 '헉, 오빠! 오빠소리 들어본 지 정말 오래됐네.', 그래. 난 퇴근하고 집에서 쉬다가 들어왔지.

채팅녀 오빠, 우리 화끈하게 놀아볼까요?

홍고독 그럴까?

채팅녀 오빠, 여기선 화상채팅이 안 되니까요. 저랑 스카이프 ^skype 에서 놀아요. 제 스카이프 ID는 flowersnake예요.

홍고독 알았어.

스카이프에서 화상채팅으로 만난 여자와 자연 그대로의 모습으로 웃으며 채팅했다.

채팅녀 아, 스카이프는 화질이 안 좋아서 재미없어요. 화상채팅 앱을 보내 드릴테니 그걸 깔고 같이 놀아요.

홍고독 그래, 알았어.

홍 대리는 앱을 깔아야 한다는 점이 찜찜했지만 오랜만의 기회를 놓치고 싶지 않았다. 앱을 깔고 얼마나 지났을까? 협박하기에 충분한 영상이 저장됐다고 생각했는지 여자가 본색을 드러냈다. 화면상의 여자는 옷을 입고 있었다.

홍고독 왜 그래? 좀 더 놀자.

채팅녀 오빠, 지금 분위기 파악 안 되지? 지금까지 오빠랑 놀았던 영상 다 녹화됐고, 오빠 연락처도 다 가져왔어. 이 영상 오빠 아는 사람한테 다 보내면 어떻게 될까?

홍고독 '어라, 이거 뭐지? 혹시 몸캠? 아! 망했다.'

---🔒---

마관리 실장님, 지금 서버를 도입하지 않으면 나중에 피해를 입을 수 있습니다. 꼭 진행해야 하는 사업이니 예비비를 꼭 지원해 주십시오. 부탁드리겠습니다.

마 부장은 며칠째 기획실과 예산문제로 씨름을 하고 있었다. 급격히 늘어난 트래픽 때문에 서버를 추가 도입해야 하는데, 서버 구입 예산에 반영돼 있지 않아 추가예산으로 편성하기로 하고 급히 구입해야 했기 때문이다.

마관리 이 대리, 시간되면 이 서류 기획실에 좀 갖다 줄 수 있어?

이철벽 네, 부장님. 다녀오겠습니다. '그나저나 걱정이네. 메인 서버의 용량이 이렇게 부족하니. 언제 서비스가 중단될지 모르잖아.'

이런 생각을 하는 동안 엘리베이터는 기획실이 있는 5층에 도착했다.

이철벽 오랜만에 기획실 왔는데, 홍 대리 얼굴이나 보고 가야겠다.

이 대리는 기획실에 도착해서 담당 직원에게 예산편성에 필요한 추가서류를 제출했다.

이철벽 어, 홍 대리가 자리에 없네. 할 수 없지.

기획실을 둘러본 이 대리는 홍 대리가 자리에 없는 것을 확인하고는 담당 직원에게 인사하고 기획실을 나왔다.

이철벽 홍 대리 오면 제가 왔었다고 전해주세요.

담당자 네, 홍 대리님 오시면 말씀드릴게요.

엘리베이터를 기다리며 스마트폰을 켜서 뉴스를 보는데 '몸캠 피싱 다시 유행'이라는 기사가 눈에 들어왔다.

이철벽 몸캠 피싱은 뭐지? 박 과장님께 물어봐야겠다.

엘리베이터가 열리자 마침 홍 대리가 내렸다.

이철벽 홍 대리, 오랜만이야. 잘 지내지? 커피 한 잔 할까?

홍고독 아냐, 지금은 머리가 좀 복잡해서 다음에 하자.

이철벽 '홍 대리한테 무슨 일 있나?'

홍고독 참, 이 대리. 요즘 보안에 대해 공부한다고 하던데 공부는 잘 돼?

이철벽 뭐, 박 과장님께 배우긴 하는데 좀 어렵네.

홍고독 그래, 나중에 연락할게.

이철벽 '홍 대리 오늘 좀 이상한데?'

사무실에 돌아온 이 대리는 옆자리 박 과장님께 '몸캠 피싱'에 대해 물어봤다.

박보안 아, 그거 인터넷으로 하는 자해공갈이라고 생각하면 돼. 우선 랜덤채팅 같은 곳에서 연결된 남자에게 적극적으로 미끼를 던져. 예를 들면 '오늘 화끈하게 놀 사람' 같은 제목으로 방을 개설해서 들어오는 남자들에게 같이 놀자고 해. 그럼 남자들이 채팅에 응해서 서로 채팅을 하면서 분위기를 띄우는 거야. 그 뒤에 랜덤채팅에서는 문자로만 대화해야 하니까 스카이프 같은 프로그램을 이용해서 영상채팅을 하자고 하지. 많은 사람이 스카이프를 통해 대화를 하다가 영상으로 음란한 행동을 하는 거지. 분위기가 많이 달아올랐을 때 조금 더 나은 화질이나 음질로 대화를 하자고 악성프로그램 설치를 유도해. 해당 프로그램을 설치하면 스마트폰이나 컴퓨터의 주소록의 정보를 모두 빼내가는 거야. 그리고 방금 전에 했던 음란한 행동의 영상을 저장해두고 주소록도 확보한 후 주소록에 있는 사람들에게 정보를 유출하겠다고 협박을 하는 거지.

이철벽 우와. 이런 일하는 사람들 머리 되게 좋은 거 같아요. 어떻게 그렇게 하죠?

박보안 그렇지. 사기 치는 사람들은 원래 머리도 좋고, 사람들의 욕망을 잘 파악해서 파고들지. 결국 사람들은 자신의 욕망 때문에 망가져.

욕망을 이기지 못해 사기에 걸린다는 박 과장의 말을 수긍할 수 있었다.

이철벽 그럼 그 뒤에는 어떻게 되요?

박보안 일단 보통 나체인 상태에서 채팅을 하자고 유도해 영상을 찍게 되는데, 해당 영상을 다른 사람들에게 퍼트린다고 협박을 하면서 돈을 요구하지.

이거 볼래?

박 과장은 컴퓨터 브라우저를 켜서 '몸캠 사례'를 입력한 뒤 이미지를 검색했다. 수많은 피해자들이 올린 호소문과 다양한 사례가 올라와 있었다.

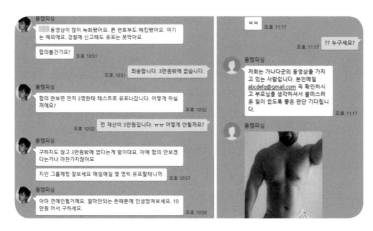

✔ 그림 2-16 **몸캠 피싱 대화**

박보안 피해자들은 협박범에게 돈을 입금하거나, 자신의 연락처에 있는 사람들에게 먼저 메시지를 보내 양해를 구하거나 해서 사건을 마무리해. 협박범들이 그 사람들의 연락처를 아는 이상 피해가 전파되지 않도록 하는 것이 중요하고, 경찰에 신고해서 범인들을 잡도록 해야 하지. 안타깝지만 마음이 약한 사람은 자살하는 경우도 있었고, 장인에게 음란영상이 전달돼 이혼 당한 경우도 있었어. 그렇지만 대부분의 작업을 해외에서 하기 때문에 범인을 잡기에는 시간이 많이 걸리겠지?

이철벽 자살하는 사람의 마음이 충분히 이해가 되네요.

퇴근을 한 이 대리는 가방을 컴퓨터 옆에 던져 놓고, 냉장고에서 맥주 한 캔을 꺼내 컴퓨터 앞에 앉았다.

이철벽 퇴근 후 마시는 맥주 한 잔은 무엇과도 바꿀 수 없는 즐거움이지.

목을 타고 넘어가는 맥주가 시원했다. 그때, 기획실 홍 대리에게 전화가 왔다.

홍고독 철벽아! 나 좀 살려주라.

이철벽 무슨 일이야?

홍고독 사실, 나 몸캠 피싱에 당했어. 그쪽에서 500만원을 입금하지 않으면 몸캠 영상을 지인들에게 뿌리겠대. 어떡하지?

홍 대리는 다소 술이 취해 있었다.

이철벽 '홍 대리에게 그런 고민이 있었구나', 어디야, 내가 지금 갈게.

홍고독 아냐, 어떻게 해결하는 게 좋을까?

이철벽 사회생활은 해야 하니까, 확실히 지워주기만 한다면 돈을 입금하는 편이 좋지 않을까? 이미지라는 것이 있으니까.

홍고독 아무래도 그렇겠지? 돈 구해서 입금해야겠다.

다음날 출근한 이 대리는 어제 맡겨놓은 서류를 핑계로 기획실을 찾았다. 홍 대리는 어제보다는 밝은 얼굴이었다. 밖으로 나온 이 대리와 홍 대리는 한 동안 말이 없었다.

이철벽 어떻게 했어?

홍고독 오늘 아침에 입금했어.

이철벽 영상은 지워준대?

홍고독 그 사람들도 비즈니스인데 지워주겠지. 미련과 아쉬움을 버리니 마음이 편해지네. 앞으로 이런 일을 당하지 않으려면 어떻게 하면 돼?

이철벽 출처를 정확하게 알 수 없는 프로그램을 설치하지 않는 것이 제일 중요해. 그것만 안 해도 큰 피해는 없을 거야.

홍고독 그렇구나. 수업료가 너무 비싸지만 좋은 정보 배웠네.

이 대리는 홍 대리의 희미한 미소가 씁쓸했다.

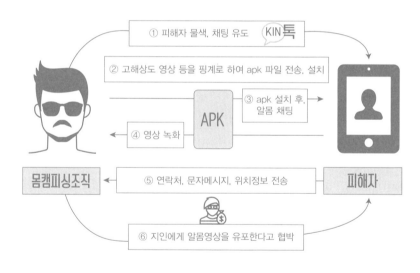

✔ 그림 2-17 **몸캠 피싱 조직 범행 흐름도**

(출처: 보안뉴스 http://www.boannews.com/media/view.asp?idx=46062)

✅ 셀프 보안을 위한 팁!

인터넷이나 모바일에서 상대방이 전달하는 프로그램을 임의로 실행해서는 안 된다. 특히 모바일 보안은 PC 보안보다 훨씬 취약하기 때문에 극히 위험하며, 스마트폰은 지인들의 전화번호, 사진 등 개인의 중요한 정보가 다수 보관돼 있으므로 훨씬 조심해야 한다.

❌ 주의: 책에서는 몸캠 조직에 돈을 보낸 것으로 설정했으나, 몸캠 조직에 돈을 보내도 지속적으로 협박을 하는 경우도 많으므로, 경찰의 도움을 구하는 편이 바람직하다.

화이트 해커와의 만남

이철벽 신임아 여기다.

이 대리는 대학 동창 중에 경찰청 사이버 수사대에 근무하는 백신임 경장을 만났다. 보안에 대해 관심을 가진 뒤, 몇 번 통화를 하면서 궁금한 점들을 물어보고 있었다.

백신임 와, 이게 얼마 만이야. 어떻게 지냈어?

이철벽 나야 그럭저럭 지내고 있지? 너는 어떻게 지냈어?

백신임 우선 맥주나 한 잔 하자.

신임은 맥주를 시원하게 들이켰다.

백신임 캬, 시원하다. 나야 사이버 수사대에서 이런저런 일하면서 살지.

이철벽 그래, 일은 재미있고?

백신임 일이야 맨날 똑같지 뭐. 가장 많은 일은 온라인 중고 거래 카페 같은 곳에서 사기 치는 사람들 찾는 일이긴 한데, 프로그램의 취약점을 찾거나 해킹된 사이트 조사, 웹 취약점 점검 같은 일을 해.

이철벽 와, 대단하네. 공부할 게 많을 것 같은데 언제 다 공부했어?

백신임 모의해킹[04]은 한 6개월 정도 교육받은 것 같아. 그때 시스템, DB, 네트워크, 웹 프로그램, 포렌식 등에 대해 배우고, 시스템의 취약점을 파악하는

---

04 모의해킹: 해커가 사용하는 해킹 도구와 기법을 이용, 시스템을 실제로 침투해 시스템의 취약점을 찾는 기법

방법과 프로그래머들이 잘 실수하는 부분을 배우고 보고서를 쓰는 방법 등을 배우지. 그리고 기본적인 정보를 배우고 나면, 각종 해킹 도구를 이용해서 취약점을 점검하는 방법들을 배워.

이철벽 대단하네. 나도 요즘 보안에 대해 관심을 갖게 돼 공부하는 중인데, 알아야 할 것이 너무 많고 끝이 없을 것 같던데, 넌 잘하고 있구나.

이 대리는 신임과 실력 차이가 많이 나는 것 같아 의기소침해져서 맥주 한 잔을 쭉 들이켰다.

백신임 보안에 대한 범위도 넓어서 나야 기술적인 보안에 집중된 경우고, 회사에서 근무하고, 사이트 기획자인 너 같은 경우에는 관리적 보안에 대해 좀 더 집중해서 공부하는 편이 좋을 것 같은데?

이철벽 '아, 박 과장님께서 말씀하신 보안의 3요소인 관리적, 기술적, 물리적 보안에 대해 말하는 거구나', 그래도 보안을 한다고 하면 대부분 해킹 같은 거 생각하잖아.

백신임 사람들의 인식이 '보안 = 해킹' 또는 '해킹을 막는 것'으로 생각하는데, 나는 사람들의 인식을 바꾸는 게 제일 중요하다고 생각해. 기술적인 부분이야 예산을 들여서 장비를 도입하면 되지만 사람은 잘 안 바뀌거든. 가장 핵심적인 정보를 갖고 있기도 하고 말이야. 그래서 나는 관리적인 보안이 우선되고 난 뒤 기술적, 물리적 보안이 보완되어야 한다고 생각해.

이철벽 보안 마인드?

백신임 보안 마인드! 맞다. 그걸 보안 마인드라고 부르면 되겠네.

이철벽 한 잔 마시자!

백경장은 자신이 생각했던 것을 적절하게 표현할 단어가 나오자 기분이 좋아졌다.

백신임 사실 해킹 사고 같은 경우도 대부분 사소한 부주의에서 일어나는 경우가 참 많거든. 요즘에도 메일로 악성코드를 보낸 뒤 설치를 유도하는 경우가 많은데, 아직도 그 수법에 속는 경우가 많아. 그런데다가 목표를 특정해서 6개월 이상 공격기회를 노리는 APT[05]공격이라는 기법도 생겨났어. 목표가 뚜렷하니 시간이 들더라도 해킹을 하려고 계속 시도하는 거지. 결국 언젠가는 사소한 허점때문에 뚫릴 거라고 생각하고 뚫릴 때까지 계속하는 거야! 그래서 해커가 마음만 먹으면 모든 것이 뚫릴 수 있으니, 관리하는 정보는 유출된다는 가정 하에 자료를 관리하고 대비하며 살아야 하는 거야.

이철벽 6개월 이상 해킹하려고 시도한다 이거지? 집요하네.

이 대리는 자신도 인터넷에서 사소한 부주의로 인해 랜섬웨어에 감염된 경험을 생각하고는 얼굴이 화끈거렸다.

백신임 요즘 6개월 정도 공들이는 것은 기본이야. 대상에 대한 자료를 수집하고, 허점을 탐색한 다음, 아주 천천히 공격을 시도해 결국은 원하는 바를 얻지. 해킹도 처음에는 컴퓨터에 대한 열정으로 시작했지만, 요즘은 랜섬웨

---

05 APT(Advanced Persistent Threat, 지속적이고 지능적인 공격): 가능한 모든 방법을 동원해 원하는 목적을 달성할 때까지 시도하는 해킹 방법이다. 한 마디로 뚫릴 때까지 시도하는 해킹법이다.

어라고 금전적인 것을 목표로 악성코드를 만들어 배포하는 나쁜 놈들도 있어.

이철벽 사실은 나도 랜섬웨어에 걸려서 자료를 날린 적이 있어. 그걸 계기로 보안에 관심을 갖게 되긴 했지만...

백신임 그랬구나. 내 생각에 그때도 아주 사소한 부주의 때문에 그랬을걸?

이철벽 맞아. 인터넷에서 내려받은 파일을 의심 없이 실행했지.

백신임 누구나 하는 실수이긴 한데 너한텐 치명적이었네. 그렇지만 잘 정의된 행동수칙을 알고 있었다면 랜섬웨어 방어도 가능했을 거라고 생각해. 그래서 관리적인 보안, 즉 보안 정책 수립이 중요한 거지. 그리고 지속적으로 관리해주고 보완해 나가는 것이 중요하다고 생각해. 아! 가장 중요한 것은 조직원에 대한 보안 교육이야. 그래야 보안 마인드가 생기겠지?

이철벽 보안 교육이라. 우리 회사에서도 보안 교육이 필요하겠다. 나 그걸로 사내 강사 해볼까?

백신임 그것도 좋은 생각이다. 보안이라고 모두가 모의해킹을 해야 하는 것은 아니니까. 사람들의 인식을 변화시켜서 해킹을 당하지 않도록 생각을 바꾸는 것도 아주 좋은 방법이라고 생각해. 이제는 이 대리가 아니라 이 강사라고 해야 하나?

이철벽 이 강사. 나쁘지 않은데?

이 대리는 마 부장이 박 과장에게 '보안교육 프로그램을 통해 회사 임직원들에게 보안 마인드를 생성시키는 것이 좋겠다.'라는 말을 했다는 점을 상기했다.

백신임 이 강사를 위하여!

이 대리와 백 경장은 기분 좋게 건배를 하고 맥주를 쭉 들이켰다.

금융거래 참 어렵다

'띵'하는 소리에 이 대리는 스마트폰에서 울리는 문자를 보았다.

친구 철벽아! 난데, 급하게 쓸 데가 있어서 그러니 50만원만 입금해 줄 수 있니?

이 대리는 급하게 돈을 빌려달라는 친구의 연락을 받고 온라인으로 은행에 들어가 이체를 하려고 했다. 오랜만에 연락이 된 친구가 돈을 빌려달라고 하자 사기 문자가 아닌지 심각하게 고민했다. 결국 친구에게 전화를 걸어 확인했더니, 급한 회의 때문에 문자로 연락했다는 이야기를 들었다. 은행사이트의 이체를 클릭하자, 보안프로그램 설치 페이지가 나타나더니 몇 가지 프로그램을 설치하라고 나왔다.

이철벽 도대체 이 많은 프로그램을 왜 설치하라는 거야?

이 대리는 이체를 하기 위해 설치해야 하는 프로그램이 많은 것을 보고 한숨이 나왔다.

◇ 필수 프로그램		
프로그램명	**기능**	**설치상태**
통합 설치 프로그램 (Veraport)	안전하고 편리한 인터넷 서비스를 위해 반드시 설치해야 하는 프로그램을 자동으로 통합 설치해 주는 프로그램입니다.	설치됨
공인인증서 보안 (WizIN-Delfino G3)	공인인증서 로그인과 거래내역에 대한 전자서명을 위한 프로그램입니다. [설치안내 자세히보기]	설치됨
PC정보수집 (Interezen IPinsideLWS)	전자금융사기예방을 위한 사용자 PC의 정보를 수집합니다.	업데이트 다운로드
키보드보안 (TouchEnNxKey with E2E)	비밀번호, 연락처 등 PC 사용자가 키보드로 입력하는 모든 숫자, 언어를 외부의 해킹툴로부터 안전하게 보호하는 역할을 하는 프로그램입니다. [설치안내 자세히보기]	설치됨

✔ 그림 2-18 금융거래 시 설치해야 하는 프로그램 목록

이 대리는 설치하라는 프로그램을 모두 설치하고, 이체를 무사히 마칠 수 있었다.

이철벽 인터넷 금융거래가 너무 불편하네.

이 대리는 돈을 보내달라는 친구에게 지금 막 이체했다는 연락을 했다.

이 대리와 박 과장은 점심을 먹고 난 후, 커피 한 잔을 마시기 위해 카페에 들렀다. 커피를 주문하고 기다리는 동안 이 대리가 박 과장에게 물었다.

이철벽 우리나라에서 인터넷을 이용한 금융거래는 왜 그리 힘들게 구현됐을까요?

박보안 이 대리, 갑자기 금융거래 방법이 왜 궁금해졌을까?

이철벽 오늘 친구가 급하게 돈을 빌려달라고 해서 인터넷 이체를 하려고 하니 프로그램을 깔아라, 공인인증서가 필요하다 등등 굉장히 복잡하더라구요. 또 물건을 하나 사려고 해도 우리나라는 굉장히 복잡하잖아요. 저는 다른 나라도 금융거래가 그렇게 복잡한 줄 알았는데, 요즘 유행하는 직구 사이트에서 구매를 할 때, 그냥 카드번호, 유효기간만 보내니 결제가 되더라구요. 우리나라에서 결제 한 번 하려면 ISP도 설치해야 하고, 비싼 물건을 구입할 때는 공인인증서도 써야 하구요. 요즘 들어선 핀테크[06]니 뭐니 해서 사이트마다 자기네들 결제 방법을 쓰라고 강권하는 바람에 결제할 때마다 신경을 써야 하더라구요.

박보안 우리나라의 결제 방식이 좀 까다롭기는 하지. 나도 외국 사이트에서 결제를 할 때, 카드번호, 유효기간만 있으면 되니 너무 편하더라고. 「별에서

---

06 핀테크: '핀테크(fintech)'는 '금융(finance)'과 '기술(technology)'이 결합한 서비스, 또는 그런 서비스를 하는 회사를 가리키는 말이다.

온 그대」라는 드라마가 중국에서 유행했을 때, 중국인들이 천송이 코트를 구입하려고 했는데, 공인인증서가 없어서 구입을 못했다는 뉴스를 봤어. 국가 경쟁력 측면에서도 개선이 되면 좋겠지. 나는 프로그램을 대량으로 설치하도록 하고, 공인인증서를 많이 쓰는 것은 금융회사들이 자기네 책임을 최소화하고, 사용자들에게 책임을 떠 넘기려고 그러는 게 아닐까 생각하고 있어.

이철벽 다른 나라에서는 어떻게 해요?

박보안 다른 나라 회사들은 대부분 해킹에 대한 책임을 금융회사에서 지고, 피해는 모두 보상하고 있어. 그런데 우리나라의 회사들은 이것저것 프로그램을 마구 깔고 공인인증서를 사용하고 나서도 피해가 발생하면 금융회사에서는 할 만큼 했으니까, '소비자들이 잘못해서 뚫린 것이니, 당신들이 책임져!'라고 하는 것 같단 말이지.

실제로 모 인터넷 쇼핑몰에서 대량의 개인정보가 유출된 이후에 약관을 변경하려고 시도한 적이 있어. 그 내용을 살펴보면, '회원은 선량한 관리자의 주의 의무로 자신의 ID와 비밀번호를 관리해야 하며, 회원이 자동로그인, SNS연동 로그인 등 ID를 부주의하게 관리하거나 타인에게 양도, 대여함으로써 발생한 손해에 대해 회사는 어떠한 책임도 부담하지 않습니다.'라고 바꾸려고 했어. 마치 회사가 해킹 당한 것이 회원이 잘못했기 때문이라는 뜻 같지?

이철벽 아! 그러니까 박 과장님 말씀은 금융회사들이 자기들 책임을 모면하려고 그렇게 복잡하게 만들어 놓은 거란 말씀이시죠?

박보안 내 생각에는 그래. 금융회사들이 금융거래를 할 때 공인인증서를 사용한 사실이 확인만 되면 문제가 생겨도 대부분 면책이 되고, 해당 책임은 공인인증서 관리를 소홀히 한 개인에게 돌아가기 때문에 공인인증서가 금융회사들을 보호하는 역할을 하는 것 같아. 그리고 그 중요하다는 '공인인증서'를 왜 국민들에게 갖고 있으라고 하고, 공인인증서를 보호하기 위해 그 많은 프로그램을 설치하고, 거래를 복잡하게 만드는지 모르겠어. 매년 한 번씩 갱신해야 하고, 폴더째 복사를 해도 작동하잖아. 보안성이 뛰어나다고는 생각되지 않고, 너무 불편하게 느껴져.

✔ 그림 2-19 쇼핑몰이 해킹된 후 약관을 변경하려고 했던 사례

이철벽 뭔가 막 설치해야 하는 것도 문제였어요.

박보안 맞아. 우리나라가 인터넷 익스플로러에 종속된 것도 액티브 엑스 ActiveX07 때문이었어. 마이크로소프트조차 쓰지 말라는 기술을 공인인증서를 통해 금융거래를 하려면 어쩔 수 없이 사용해야 했기 때문에 불편해도 사용해야 했지. 그래도 요즘은 액티브 엑스 없이 금융거래를 가능하도록 만들어서 크롬에서도 금융거래가 되는데, 참 웃기는 건, 액티브 엑스 방식으로 하던 거래를 프로그램을 설치하는 방식으로 바꾼 것 뿐이더라구.

이철벽 프로그램은 설치해야 하지만, 그래도 크롬에서 인터넷 금융거래가 되는 게 어디에요. 예전엔 인터넷 익스플로러 이외에서는 거래 자체가 안 되었잖아요?

박보안 그래, 맞아. 우리나라의 금융 보안 산업 발전을 위해서는 공인인증서에 의존하지 말고, 새로운 방식의 인증 방식을 지속적으로 개발해야 해. 공

---

07 액티브 엑스: 브라우저에서 일반응용프로그램을 연결하기 위해 사용했던 기술

인인증서 의무 사용은 2015년에 폐지됐고, 2016년에는 보안카드와 OTP[08] 의무 사용이 폐지됐는데 아직도 널리 사용하고 있잖아. 그래도 다행인 부분은 일부 금융거래에서 홍채인식이나 지문인식을 사용하려는 시도를 하고 있다는 점이야.

✓ 그림 2-20 OTP 생성기

이철벽 저도 지문인식이 되는 스마트폰을 갖고 있는데 그걸로 금융거래가 가능해요?

박보안 아마도 될 거야. 그런데 생체인식정보로 금융거래를 할 때에도 주의 사항이 있어. 은행은 생체인식정보를 보관하지 않거든. 그래서 생체정보에 대한 관리와 사용에 대한 책임은 사용자에게 있어. 만약 저장된 지문정보가 유출됐다고 판단되면 은행에 지문 등록을 해지해야 돼. 신고하지 않는다면 은행은 책임지지 않겠지. 술을 마실 때나 잠을 잘 때도 다른 사람이 내 지문을 사용하지 않도록 주의해야 하는 거야. 또 생체정보가 저장된 스마트폰을

---

08 OTP(One Time Password): 고정된 패스워드 대신 무작위로 생성되는 일회용 패스워드를 사용하는 인증방식

잃어버리면 바로 은행에 신고해야 만에 하나 있을지도 모르는 피해를 줄일 수 있어.

이철벽 어휴, 이제 술 먹고 편하게 자지도 못하겠어요.

박보안 요즘은 생체인식으로 편리하게 이용할 수 있도록 FIDO ^{Fast Identify} ^{Online 09}라는 기술이 새로 개발돼 보안과 편리성을 높이는 노력을 하고 있어.

이철벽 점점 편리한 세상이 되는군요.

---

09 FIDO: 아이디와 비밀번호 조합 대신 지문, 홍채, 얼굴 인식, 목소리, 정맥 등을 활용한 새로운 인증 시스템이다.

인터넷에서 나를 지키는 법

박보안 이 대리, 우리가 같이 보안에 대해 공부한 지도 꽤 된 거 같네. 그렇지?

이철벽 네, 벌써 2달이나 됐네요.

박보안 벌써 그렇게 됐구나. 그동안 내가 잘 가르쳐줬나 모르겠네. 만족스럽지는 않았겠지만 열심히 알려줬으니, 모자라는 부분은 이 대리가 스스로 공부해서 채워야 해.

이 대리는 박 과장이 평소와 다르게 말하는 모습을 보고 불안해졌다.

이철벽 왜 그러세요? 무슨 일 있으세요?

박보안 사실은 오늘 마 부장님이 부르셔서 갔더니, 2개월 간 파견근무를 가라고 하시네.

이철벽 어디로요?

박보안 '다팔아연구소'에 보안 체계 구축 프로젝트가 있는데, 거기에 2달 정도 프로젝트를 맡아 관리하라고 하셔.

이철벽 잘 됐네요. 그런 일 한 번 하고 싶어 하셨잖아요?

이 대리는 박 과장이 잘 되어서 가는 것을 알면서도 이제 조금씩 보안에 흥미를 갖게 됐는데, 지금 시점에 떠난다는 사실이 안타까웠다. 아쉬워하는 얼굴을 본 박 과장이 이 대리를 위로했다.

박보안 내가 잠시 떠나 있지만 메일도 있고, 전화도 있으니 자주 연락하면서 보안에 대해 공부해. 메일 보내면 내가 도와줄게. 그래서 내가 잠깐 준비를 했는데, 내가 떠나 있는 두 달 동안 '프라이버시'와 '모바일 보안'에 대해 공부해봐. 공부하는 방법은 잘 알겠지만 책 읽고, 정리하고, 실험하는 거야.

이철벽 박 과장님! 많이 아쉬워요.

박보안 나도 아쉽네. 그래도 이 대리도 보안에 대해 조금씩 알아가고 있으니까, 혹시 본사에 보안에 대한 문제가 있으면 좀 도와줬으면 좋겠네.

이철벽 과장님. 그럴게요.

박보안 그런 의미에서 오늘은 인터넷에 대해 정리하는 시간을 가질까 해.

박 과장은 한 달 정도 같이 얘기했던 인터넷 보안에 대해 정리를 해주고 싶었다.

박보안 그럼, 인터넷 보안에 대해 정리해 줄게. 첫 번째는 네트워크에 연결된 컴퓨터는 어떤 이유로든 해킹될 수 있어. 그리고 컴퓨터에 보관된 파일 역시 언제든 유출될 수 있어. 그러니 중요한 파일은 꼭 비밀번호를 만들어서 내가 아닌 다른 사람은 열람할 수 없도록 하는 습관이 중요해. 그리고 주기적으로 백업을 받아두는 것이 랜섬웨어 같은 악성코드에 감염되더라도 피해를 최소화할 수 있는 방법이야.

이철벽 언제든지 해킹될 수 있다는 점을 명심할게요. 제일 좋은 방법은 네트워크를 끊는 거지요?

박보안 그렇게 살 수 있으면 살아보던가. 하하! 두 번째는 대부분의 침해사고는 메일을 통해 시작돼. 아무리 흥미로운 제목을 가진 메일이더라도 내가 잘 아는 사람이 아니라면 유의해야 해. 그리고 첨부파일을 클릭할 때는 정말 꼼꼼히 살펴봐야 해. 압축파일이라면 압축을 풀고 확장자를 잘 살펴봐. 대부분 메일로 보내는 것은 사진이나 한글이나 엑셀, 워드 파일 같은 문서파일일

텐데 가끔 실행파일이 있을 수 있어. 그럴 경우 속임수라고 봐야하지. 실행파일을 잘못 클릭하면 그 PC는 좀비 PC가 되는 거야.

이철벽 아! 맞아요. 며칠 전에 인터넷에서 P2P 프로그램을 통해 파일을 하나 다운로드했는데, 그 파일이 영상이어야 하는데 실행파일이더라구요. 무심코 클릭했다가 그날 컴퓨터 포맷해야 했어요.

박보안 그런 경우가 종종 있더라고. 분명히 확장자가 문서나 영상, 사진이어야 하는데, 응용프로그램으로 돼 있는 경우는 절대로 클릭하면 안 돼!

세 번째는 운영체계, 브라우저, 한글, 오피스 제품의 최신 보안패치를 설치하고, 백신 프로그램을 설치하는 거야. 물론 백신 프로그램도 업그레이드를 해야겠지?

이철벽 네. 보안패치가 자주 일어나서 귀찮기는 하지만, 그래도 해야겠죠?

박보안 네 번째는 인터넷에 게시된 정보는 정보의 성격상 스스로 널리 전파되려고 하니까, 항상 신중하게 작성하는 게 좋아. 혹시라도 사진을 찍거나 녹음, 동영상을 찍을 때, 나중에 전파가 된다면 문제가 되지 않을까 고민해 보는 게 좋아. 이건 보안과는 다른 얘기지만, 글을 쓸 때는 긍정적인 글을 쓰는 것이 긍정적인 에너지를 발생시키니까 우리 사회에도 좋고, 본인에게도 좋을 거야.

이철벽 알겠습니다. 인터넷에 글을 쓸 때는 누군가가 피해를 볼 수도 있고, 의도치 않게 누군가에 의해 전파될 수 있으니, 좋은 말을 많이 쓰자는 말씀이시죠? 명심하겠습니다.

박보안 그리고 마지막으로 컴퓨터나 스마트폰을 사용할 때, 누군가가 옆에서 지켜볼 수 있다는 점 명심하고, 특히나 비밀번호를 입력할 때는 다른 사람이 알아채지 못하게 가리고 입력하는 게 좋아.

박 과장은 인터넷에서 지켜야 할 내용들을 이 대리에게 알려준 뒤에 노트북에서 브라우저를 띄워 '마크 저커버그의 보안법'을 검색했다.

박보안 이거 좀 볼래?

✓ 그림 2-21 마크 저커버그의 보안법

(오른쪽 출처: Mark Zuckerberg 공식 페이스북)

이 대리는 박 과장이 찾은 기사의 사진을 자세히 살펴보았다. 마크 저커버그가 사용하는 노트북의 웹캠 카메라와 마이크에는 테이프가 붙어 있었다. 이런 방법을 사용하면 혹시 해킹을 당하더라도 엿보기와 엿듣기를 차단할 수 있을 것 같다는 생각이 들었다.

이철벽 노트북의 웹캠 카메라와 마이크에 테이프가 붙어있어요.

박보안 그렇지? 저렇게 간단한 방법으로도 노트북이 악성코드에 감염됐을 때 유출되는 정보의 상당부분을 차단할 수 있어. 좀 원시적이긴 하지만 비용 대비 효과적이겠지?

박 과장은 이 대리를 찬찬히 바라보았다. 짧은 시간 동안 잘 따라준 이 대리가 고맙기도 하고, 남은 부분을 알려주지 못한 데에 대한 아쉬움도 있어 보였다.

박보안 참, 회사에서 직원들에게 보안교육을 하려고 하나 봐. 사내 강사를 모집할 모양이니까, 잘 준비해서 지원해봐.

이철벽 보안교육요? 제가 어떻게 해요?

박보안 이제까지 열심히 공부했잖아. 일반 사람들이 보안에 대해 주의해야 할 내용들을 잘 알고 있으니, 앞으로 두어 달 잘 준비하면 충분할 것 같은데? 내가 도와줄 테니 잘 준비해서 지원해봐.

이철벽 네. 알겠습니다. 열심히 준비해 볼게요.

박보안 점심시간 다 끝나간다. 일하러 가자.

1. 윈도우 운영체제, 인터넷 브라우저, 오피스 제품의 최신 보안패치를 모두 적용한다. 보안패치는 개발사에서 제공하는 공식 업데이트 프로그램을 통해서 해야 안전하다.

2. 신뢰할 수 없거나 평소에 자주 들르지 않는 사이트, 사용자 수가 적은 웹사이트 접속을 자제한다. 보안에 취약한 웹사이트 접속 시 악성코드에 감염될 가능성이 높기 때문이다.

3. 웹하드, 또는 P2P 프로그램 설치 및 업데이트 시 반드시 보안 제품으로 검사한 후 사용한다.

4. 이메일 확인 시 발신인이 모르는 사람이거나 불분명한 경우 유의한다. 특히 제목이나 첨부 파일명이 선정적이거나 관심을 유발할 만한 내용인 경우 함부로 첨부 파일을 실행하거나 링크 주소를 클릭하지 않는다. 최근 페이스북, 트위터 등 SNS를 사칭한 이메일이 많으니 특히 유의한다.

5. 페이스북, 트위터 등 SNS를 이용할 때 잘 모르는 사람의 SNS 페이지에서 함부로 단축 URL을 클릭하지 않는다.

6. SNS나 온라인 게임, 이메일의 비밀번호를 영문/숫자/특수문자 조합의 8자리 이상으로 설정한다. 또한 최소 3개월 주기로 비밀번호를 변경하고 로그인 ID와 비밀번호를 동일하게 설정하지 않는다.

7. 메신저로 URL이나 파일이 첨부돼 올 경우 함부로 클릭하거나 실행하지 않는다. 메시지를 보낸 이가 직접 보낸 것이 맞는지를 먼저 확인해본다.

8. 웹 서핑 시 신뢰할 수 없는 프로그램이나 잘 모르는 프로그램을 설치하겠다는 경고가 나오면 '예', '아니오' 중 어느 것도 선택하지 말고 창을 닫는다.

9. 정품 소프트웨어를 사용한다. 인터넷에서 불법 소프트웨어를 다운로드하는 경우 악성코드가 함께 설치될 가능성이 높다.

10. 보안 소프트웨어를 하나 정도 설치해둔다. 설치 후 항상 최신 버전의 엔진으로 유지되도록 부팅 후 자동 업데이트되게 하고, 시스템 감시 기능이 항상 작동하도록 설정한다. 보안 제품에서 나타나는 경고 메시지를 늘 주의 깊게 살펴본다.

✓ 표 2-5 좀비 PC 예방 10계명(출처: http://www.ahnlab.com)

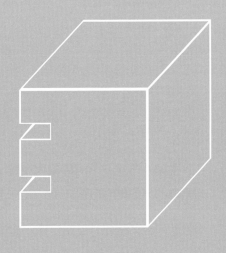

내 프라이버시는
내가 지킨다

공짜 라면의 비밀

주말을 맞아 대형마트에 일주일 치 장을 보러 간 이 대리. 계산을 마치고 계산대를 나오자마자 아르바이트로 보이는 학생이 다가와 말을 건넸다.

상담원 지금 자동차보험 상담받으면 '매운 라면' 한 봉지 드려요.

이철벽 상담만 받으면 '매운 라면' 묶음을 하나 준다구요?

상담원 네. 지금 이 신청서 하나만 작성하시면 바로 드립니다.

아르바이트 학생 뒤에는 이동식 책상 위에 라면 봉지가 가득 쌓여 있었다.

이철벽 이런 거 뭐 손해 날 것 없잖아?

이 대리는 신청서를 작성하고 사은품을 받아 즐겁게 주차장으로 향했다.

며칠 뒤, 아침부터 회사는 바쁘게 돌아가고 있었다. 아침 10시가 지나고 매일 반복적으로 수행하는 업무가 어느 정도 마무리 되어갈 즈음에 스마트폰이 울렸다.

보험사 여보세요? 이철벽 씨 되시지요?

이철벽 누구세요?

보험사 네. 저는 으뜸보상손해보험 상담사입니다. 며칠 전 자동차 보험 상담을 신청하셔서 연락드렸습니다.

그때서야 며칠 전 마트에서 신청서를 썼던 기억이 났다.

이철벽 네. 제가 상담신청을 했어요. 자동차 보험이 만기가 좀 남긴 했는데요.

보험료 좀 산정해 주세요.

보험사 알아봐 드리겠습니다.

전화 너머로 상담사의 키보드 두드리는 소리가 들렸다.

상담사 이번 해에 저희 으뜸보상손해보험으로 옮기시면, 기존 보험료보다 5% 저렴하게 가입하실 수 있네요.

이 대리는 아직 시간이 좀 남았고, 기존 보험사에 큰 불만도 없어서 5% 정도는 크게 느껴지지 않았다.

이철벽 좀 생각해 보고 연락드릴게요.

보험사 알겠습니다. 보험 만기가 다가올 즈음에 연락드리겠습니다.

전화를 끊은 이 대리는 '한동안은 괜찮겠지'라고 생각했다. 그 뒤로도 으뜸보상손해보험에서는 문자와 전화로 자동차 보험 가입을 종용했다. 짜증이 난 이 대리는 박 과장에게 전화를 했다.

박보안 그런 일이 있었구나. 이 대리, 보험회사에서 왜 상담신청을 하면 라면 같은 사은품을 주는지 생각해 봤어?

이철벽 글쎄요. 왜 그랬을까요? 다른 회사에 가입 중인 사람의 정보가 필요해서 그러지 않았을까요?

박보안 그럼 예전에도 사은품을 주면서 신청서를 받았나?

이철벽 아니요? 그 때는 자동차보험 갱신 때가 되면 전화를 무척 많이 받았어요.

박보안 나도 예전에 그랬던 기억이 나는데, 요즘에는 강화된 '개인정보보호법'으로 인해 개인의 동의를 받지 않고는 홍보성 전화를 할 수 없어. 그래서 다른 보험사는 타 보험사 고객을 유인하기 위해서 대형마트에서 사은품을 주면서 개인정보를 얻는 거지. 그러니까 이 대리는 라면 한 묶음에 네 개인정보를 판 거야.

이철벽 그럼 제가 그런 행사에 가입하지 않는다면 홍보성 전화를 받지 않는 다는 말씀이세요?

박보안 당연하지. 이젠 사용자가 동의하지 않는 전화를 받지 않는 것이 당연 한 시대가 됐어. 어느 사이트에 가입하더라도 홍보성 전화나 SMS 등을 수신 하지 않겠다고 기록하면 홍보성 전화나 SMS를 보낼 수 없어.

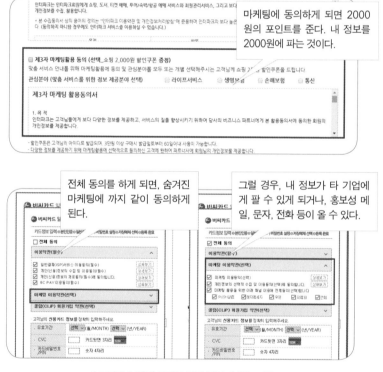

✓ 그림 3-1 전체 동의를 하지 말아야 하는 이유

이철벽 흐흐. 제가 제 정보를 싼 값에 판 거군요.

박보안 그리고 한 가지 더! 내가 홍보성 전화를 받기 원하지 않으면 홈페이지 같은 곳에서 회원으로 가입할 때 홍보 전화를 원하지 않는다고 밝히면 돼. 음, 그리고 또 한 가지 팁을 알려줄까 말까?

이철벽 무슨 팁이 있어요?

박보안 있지. 다음에 본사 가면 커피 한 잔 살 거지?

이철벽 헐. 과장님 이러실 거예요? 알았어요. 커피 한 잔 살 테니 알려주세요.

박보안 알았어. 홍보성 전화를 받으면 내 전화번호를 어떻게 알았는지 물어봐. 그럼 그 근거를 제시할 거야. '어디어디 회원 가입할 때 동의를 했다.' 뭐 이렇게 말이지. 그럼 앞으로는 전화하지 않도록 해달라고 요청하는 거야. 바로 되는 경우도 있지만 자기 분야가 아니라고 하는 사람도 있는데, 그럼 어디에다 얘기하면 되는지 물어보고, 거기에 전화해서 앞으로 전화하지 말아달라고 얘기하면 돼. 처음에는 좀 귀찮지만, 전화 올 때마다 그런 얘기하면 자연스럽게 전화가 줄겠지. 그리고 회원가입 할 때도 전화마케팅은 하지 말라고 요청해야 하구.

이철벽 그렇게 하면 되는군요.

박보안 그런데 말이야. 이 대리.

박 과장은 조금 뜸을 들인 후 말을 계속했다.

박보안 기업에서는 라면 같은 경품이나 할인, 현상공모, 멤버십 카드, 품질보증서 등의 혜택을 제공하고 소비자들에게서 자발적으로 소비자 정보를 얻어내거든. 그런데 해당 정보를 제공하는 주체는 소비자 자신이야. 사람들은 약간의 이익과 편리함을 위해 자신의 프라이버시를 너무 쉽게 포기해. 이 대리 같은 경우에는 라면 하나에 전화번호를 제공했고, 당첨될 확률이 거의 없는데도 경품 때문에 성명, 주소는 물론 전화번호도 손쉽게 제공하지. 적립금이나 마일리지 보너스를 위해 멤버십 카드를 만들고, 이를 위해 자세한 신상 정보를 제공하고 있어. 멤버십카드를 통해 내가 어떤 물건들을 구입하고 있는지 기업에서 자세하게 알고 분석한 뒤 마케팅에 활용한다면 그리 기분 좋지는 않지? 기업에 정보를 제공하는 것은 개인의 자유지만, 프라이버시에 대한 관심을 조금 가졌으면 좋겠어.

이철벽 네! 과장님. 개인정보 보호가 왜 중요한지 조금 느낄 수 있었어요.

이 대리는 자신의 개인정보는 스스로가 지켜 나가야 한다는 생각을 갖게 됐다.

✅ 셀프 보안을 위한 팁!

---

1. 개인정보를 제공할 때는 외부기관에 최소한의 정보만 제공한다. 경품행사나 판촉행사에 내 정보가 제공되지 않도록 한다.

---

2. 회원을 가입할 때 '필수' 항목만 기입하고, 선택할 수 있는 부분은 제공하지 않는 것이 좋다. 전체 동의를 선택할 때, 마케팅 이용약관 등 숨겨진 부분까지 모두 동의하게 돼 불필요한 정보가 기업에 전달된다.

정보유출로 인한 피해

비가 주룩주룩 내리는 초여름날이었다.

이철벽 아! 비 오는 날은 도서관 가기 싫다.

일요일인 오늘은 도서관에 가서 개인정보 유출에 대해 조사해 보기로 마음먹었지만, 역시 주말은 소파에 누워 TV 보는 것이 제격이다.

이철벽 그래도 약속은 약속이니까.

물먹은 솜 같은 몸을 일으켜, 노트북을 가방에 넣어 도서관으로 향했다. 도서관에서 노트북 자리를 잡은 뒤 커피 한 잔을 탔다. 이 대리는 우리나라에서 굵직굵직한 개인정보유출 사고에 대해 조사하고 있었다.

년도	회사	유출건수(건)	유출정보	원인
2008	옥션	1863만	개인정보	해킹
2011	네이트	3500만	개인정보	해킹
2014	카드3사	1억400만	개인정보, 금융정보	협력업체 직원이 유출
2014	KT	1200만	개인정보	웹애플리케이션 취약점
2016	인터파크	1030만	개인정보	메일로 인한 해킹

✔ 표 3-1 주요 기업들의 개인정보 유출 사례

이철벽 와, 우리나라에서 경제활동을 하는 사람의 개인정보, 금융정보는 웬만하면 모두 유출됐다고 생각하는 편이 맞겠구나! 해커들은 왜 개인정보를 빼내려고 하는 것일까?

궁금증을 참지 못한 이 대리는 인터넷을 검색하기 시작했다.

유출된 개인정보는 건당 1원에서 100원사이에서 거래되고 있으며, 개인정보의 최신성과 민감한 정보를 많이 담을수록 비싸진다. 해커들이 모은 개인정보는 여러 가지 용도로 사용될 수 있다.
가장 많이 활용하는 곳은 홍보 분야다. 알지 못하는 곳에서 전화가 오거나 문자 발송 등으로 마케팅에 활용된다. 선거철에 문자가 오는 것도 모두 유출된 전화번호에서 시작된다. 선거가 진행될 때에는 주차장에 주차된 차에 붙여 놓은 전화번호를 수집하고 다니는 사람도 있다.
두 번째는 보이스피싱과 같은 범죄에 활용한다. 유출된 가족관계와 수입, 현재 신용상태, 부채의 현황을 파악해 정밀한 시나리오를 세운 뒤, 피해자에게 전화를 걸면 보이스 피싱의 성공률을 높일 수 있다.
세 번째는 문자를 통한 사기인 스미싱의 대상으로 활용돼 소액결제 사기를 당할 수 있다.
네 번째는 개인의 연락처를 해킹해 지인에게 금전적인 요구를 할 수 있다.
다섯 번째는 유출된 정보를 이용해 인터넷 계정을 해킹하여 포인트 등을 편취하는 등 부당이익을 챙길 수도 있다.

✓ 표 3-2 개인정보가 악용되는 유형

이 대리는 유출된 개인정보가 중국 등지에서 판매되고 있으며, 여러 범죄에 활용되고 있음을 알 수 있었다.

이철벽 이런 나쁜 사람들. 다른 사람의 개인정보를 이용해서 자신의 이익을 챙기다니. 그런데 개인정보 유출을 막는 방법은 없을까?

여러 방법을 통해 검색을 해봤지만 개인정보 유출을 막는 뚜렷한 해결책을 찾지 못했다. 이 대리는 모은 자료를 정리하면서 몇 가지 방안을 생각해 보았다.

이철벽 우리가 개인정보를 아무리 열심히 잘 관리하더라도, 우리가 정보를 제공한 기업으로부터 유출되는 사태는 막을 수 없잖아. 그러니까 개인정보를 최대한 노출시키지 않아야 되겠네. 저번처럼 라면에 눈이 멀어 내 정보를 싼 값에 팔아 넘기지는 말아야겠다. 또 내가 원치 않는 홍보 전화가 온다면 전화번호 수집을 어떻게 했는지 강력하게 항의하고, 전화 목록에서 지워달라고 요청해야 한다. 음… 다른 방법은 없을까?

이 대리는 고민을 했지만 더 생각이 떠오르지 않았다. 그때 찾은 자료 중에서 모 통신사 사례에 눈길이 갔다.

모 통신사의 개인정보 유출 사례는 웹 애플리케이션의 정상적인 기능을 악용했다. 해킹을 통해 정보가 새어나간 것이 아니라 웹 애플리케이션을 개발하는 엔지니어가 보안에 대한 개념이 부족하고, 보안 측면의 설계 없이 프로그램을 작성하다 보니 일어났다는 것이다. 또한 프로그램의 개발 후에 소스 취약점 점검(Secure Coding)을 통해 생각하지 못했던 프로그램의 오류가 있는지 확인하는 과정을 거쳤더라면 예방이 가능했을 것이다.

그나마 희망적인 것은 최근 전자정부법에 의해 정부에서 발주가 나가는 프로젝트에 대해서는 소스 취약점 점검과 웹 취약점 점검을 실시하고 있다는 점이다. 개발 당시부터 보안 설계를 통해 개발한다면 웹 애플리케이션을 통한 개인정보 유출 사례는 줄어들 것이다. 또 주민등록번호는 법적인 근거가 있어야만 수집, 사용할 수 있도록 법이 개정돼 아무나 주민등록번호를 수집, 활용하지 못하도록 한 것도 개인정보 보호에 한 걸음 나아간 것이라 생각된다. 또한 근거 없이 수집된 주민등록번호는 모두 폐기하도록 했다.

✔ 표 3-3 모 통신사의 개인정보 유출 사례

http://customer.xxx_mobile.co.kr/customerno=B408885315

customerno=B408885316

customerno=B408885317

1증가

1증가

고객 : 홍길동의 정보

고객 : 임꺽정의 정보

고객 : 이몽룡의 정보

모 통신사의 사고 사례는 고객번호를 하나씩 변경하면서 자료를 수집하였음. 프로그램을 해킹한 것이 아니라, 프로그램 설계 시 보안을 고려하지 않아서 일어난 것임.

✔ 표 3-4 모 통신사의 해킹 방법

이철벽 웹 애플리케이션 취약점? 소 잃고 외양간 고치는 격이군

이 대리는 개인정보가 여러 번 유출된 점은 몹시 아쉬웠지만, 그래도 점차 개선하려고 노력하고 있음을 느꼈다. 개발자들이 보안에 대한 개념을 갖고 프로그램을 개발했다면 충분히 막을 수 있었던 사례가 있어서 아쉽다는 생각을 버릴 수 없었다.

이철벽 어. 이건 뭐지?

개인정보 유출과 관련된 인터넷 뉴스를 검색하던 이 대리는 "구직 신청했는데... '단둘이 술 한 잔' 몹쓸 제안이 왔다"는 제목의 기사를 하나 발견했다. 이 대리는 내용을 클릭해 살펴보았다. 구인사이트에 개인정보를 올려 놓았는데, 기업회원으로 가입한 사람들이 이력서를 보고 연락을 해 '술이나 한 잔'하자고 유혹한다는 기사였다. 구직사이트에서 일어난 또 다른 침해 사례로는 출입증을 만들어야 하니 '통장'과 '현금카드'를 보내달라고 요청해 보이스피싱에 활용했다는 내용이었다.

이철벽 취업에 절박한 사람들의 심리를 노려서 범죄를 저지르다니, 세상엔 참 나쁜 사람들이 많구나.

이 대리는 한숨이 나왔다.

✔ 셀프 보안을 위한 팁!
1. 내 정보를 제공할 때는 최소한의 정보만 제공한다.
2. 경품행사 등을 통해 수집하는 회사에 정보를 제공하지 말아야 한다.
3. 취업을 미끼로 통장, 현금카드를 보내달라고 요청하는 경우는 사기일 가능성이 높으니 응답하지 말아야 한다.

나를 다 아는 보이스피싱

"따르르르릉"

이철벽 에이, 뭐야 바쁜데...

"따르르르릉"

"툭"

전화를 받자마자 바로 끊는 전화가 계속 오고 있었다. 이 대리는 '무슨 일이지?'라는 생각을 하고 있는데, 곧 이 대리 자리의 전화가 울렸다.

"따르르르릉"

이철벽 감사합니다. 전산실 이철벽입니다.

상담원 이철벽 씨, 저희는 좋은은행 여신영업부입니다. 잠시 통화 괜찮으세요?

이 대리는 약간 어눌한 말씨를 쓰는 것을 듣고는 바로 보이스피싱이라는 사실을 직감했다. 그래도 바로 끊기보다는 보이스피싱을 한 번 경험해 보는 것도 나쁘지 않겠다는 생각에, 이 사람들이 어떻게 하는지 알아보는 편이 좋겠다 싶어서 말을 이었다.

이철벽 네. 제가 이철벽입니다. 어떤 일이시지요?

상담원 저희 좋은은행에서 취급하는 서민 자금지원 예산이 많이 남아서, 조건이 맞으면 현재 이철벽 씨가 대출받으신 고금리상품을 갈아탈 수 있도록 지원해드리려고 연락드렸습니다.

이 대리는 보이스피싱을 하는 직원의 말을 듣고는 깜짝 놀랐다.

이철벽 '내가 좋은은행에서 돈 빌린 사실을 어떻게 알았지?', 예. 그러셨군요. 제가 은행에서 빌린 돈을 싼 이자로 바꿔 주신다는 거지요?

상담원 네. 지금 이 대리님의 신용등급을 조회하려고 합니다. 휴대폰으로 승인번호를 보낼 테니 좀 이따 불러주세요.

이철벽 네.

이 대리는 곧이어 스마트폰에 온 문자메시지의 승인번호를 알려줬다.

상담원 이철벽 씨는 4%의 금리로 5천만원까지 대출이 가능하시네요. 대신 이철벽 씨 신용등급이 3등급으로 높기 때문에 카드대출이나 대부업체 대출을 이용해 신용등급을 다소 깎아야 이용이 가능할 것으로 보입니다.

이철벽 네? 신용등급을 떨어뜨리기 위해서 카드대출이나 대부업체를 이용해야 한다고요?

상담원 맞습니다. 고금리 대출에 힘들어하는 서민을 위한 상품이라 신용등급이 너무 높으면 이용을 못하세요. 그래서 저희가 소개해드리는 업체에서 돈을 빌려서 냉장고에 넣어 놓으시면 저희 은행 담당자가 찾아가서 안전하게 입금시켜 드립니다.

이철벽 누굴 바보로 아나. 그런데요, 제가 좋은 은행에서 돈 빌린 건 어떻게 아셨어요?

상담원 네? 제가 좋은은행 여신관리부라고 말씀드렸잖아요.

이철벽 농담하지 마시고요, 보이스피싱인지 다 알고 있으니까 이제 그만하시죠.

이 대리는 보이스피싱 전화를 끊었다. 이 대리는 보이스피싱을 위한 시나리오가 꽤 잘 짜여 있었고, 거기에 유출된 개인정보, 금융정보가 합쳐지니 보통 사람은 그냥 속을 수밖에 없을 것 같았다.

이철벽 훔친 개인정보가 보이스피싱에 쓰이는구나!

보이스피싱에 대해 찾아본 신문기사에서는 이동통신사, 은행, 보험 등 금융사 등에서 일부 직원이나 협력업체 직원들이 개인정보를 유출하다 적발되는 경우가 있다고 한다.

이철벽 보이스피싱 때문에 사회가 서로 불신하는 경우도 많아지네.

이 대리는 보이스피싱으로 오해를 받는 경찰, 세무서 직원, 은행원들에 대한 기사를 읽으며 혀를 찼다. 이 대리는 금융감독원 사이트에서 보이스피싱에 대해 알아보았다.

이철벽 이렇게 사회적 파급력이 크니 정부에서 보이스피싱을 예방하려고 많은 노력을 하는구나.

1. 전자금융거래 제한: 계좌가 보이스피싱에 활용됐다고 추정되는 경우에는 계좌 정지
2. 지연인출제도: 100만원이상 입금된 통장에서 자동화기기를 통해 현금카드 등으로 출금할 경우 30분간 출금 지연
3. 주민등록증, 운전면허증 등의 분실 시 금융회사로부터 보호조치를 요청하면, 타 금융회사에서도 동시에 공유하도록 함.

✓ 표 3-5 보이스피싱 대비 주요 제도

1. 금융거래정보 요구는 일절 응대하지 말 것:

전화로 개인정보 유출, 범죄사건 연루 등을 이유로 계좌번호, 카드번호, 인터넷뱅킹 정보를 묻거나 인터넷 사이트에 입력을 요구하는 경우 절대 응하지 말아야 하며, 특히 텔레뱅킹의 경우 인터넷뱅킹과 달리 공인인증서 재발급 등의 절차가 필요치 않아 타인이 취득 시 사기피해에 취약

2. 현금지급기로 유인하면 100% 보이스피싱:

현금지급기를 이용해 세금, 보험료 등을 환급해 준다거나 계좌안전조치를 취해주겠다면서 현금지급기로 유인하는 경우 절대로 응하지 말 것

3. 자녀 납치 보이스피싱에 미리 대비:

자녀 납치 보이스피싱 대비를 위해 평소 자녀의 친구, 선생님, 인척 등의 연락처를 미리 확보할 것

4. 개인·금융거래정보를 미리 알고 접근하는 경우에도 내용의 진위를 확인:

최근 개인·금융거래정보를 미리 알고 접근하는 경우가 많으므로 전화, 문자메시지, 인터넷메신저 내용의 진위를 반드시 확인할 것

5. 피해를 당한 경우 신속히 지급정지를 요청:

보이스피싱을 당한 경우 경찰청 112콜센터, 또는 금융회사 콜센터를 통해 신속히 사기 계좌에 대해 지급정지를 요청할 것

6. 유출된 금융거래정보는 즉시 폐기:

유출된 금융거래정보는 즉시 해지하거나 폐기할 것

7. 예금통장 및 현금(체크)카드 양도 금지:

통장이나 현금(체크)카드 양도 시 범죄에 이용되므로 어떠한 경우에도 타인에게 양도하지 말아야 하며, 통장이나 현금(체크)카드 양도는 전자금융거래법 위반으로 형사처벌을 받을 수 있는 범죄임 (3년 이하의 징역 또는 2천만원 이하의 벌금)

8. 발신 (전화)번호는 조작이 가능함에 유의:

텔레뱅킹 사전지정번호제에 가입되었다 하더라도 인터넷 교환기를 통해 발신번호 조작이 가능하므로, 사기범들이 피해자들에게 "사전지정번호제에 가입한 본인 외에는 어느 누구도 텔레뱅킹을 이용하지 못하니 안심하라"고 하는 말에 현혹되지 말 것

9. 금융회사 등의 정확한 홈페이지 여부 확인 필요:

피싱사이트의 경우 정상적인 주소가 아니므로 문자메시지, 이메일 등으로 수신된 금융회사 및 공공기관의 홈페이지는 반드시 인터넷 검색 등을 통해 정확한 주소인지를 확인할 것

10. 「전자금융사기 예방 서비스」 적극 활용:

타인에 의해 무단으로 공인인증서가 재발급되는 것 등을 예방하기 위해 2012년 9월 25일부터 각 은행에서 시범 시행하는 「전자금융사기 예방서비스」를 적극 활용할 것

✔ 표 3-6 보이스피싱 예방법

(출처: 금융감독원 http://phishing-keeper.fss.or.kr/fss/vstop/avoid/prevent01.jsp)

내가 어디에 있는지 알리지 마라

주말이 왔다. 이번 주는 미란이의 집 앞에서 기다렸다가 미란이를 태우고 경춘가도를 달려보기로 했다. 서울에서 춘천 가는 길에 대학생들이 모여 있었다. 청평, 가평은 예나 지금이나 이곳은 젊은이들의 MT를 위한 공간으로 활용되고 있었다. 대학을 졸업한 지 얼마 되지 않아서인지 차창 밖으로 보이는 젊은 열기가 흥겹게 느껴졌다.

김미란 대학생들이 MT 왔나 봐.

미란이가 차창을 보면서 말했다.

이철벽 대학 졸업한 지 얼마 안 됐는데, 벌써 오래 전인 것처럼 느껴져. 저 때가 인생의 황금기인 것 같아.

이 대리는 차창을 슬쩍 쳐다보며 얘기했다. 경춘가도를 달리다 멋진 카페를 발견하고 차를 세웠다.

이철벽 여기서 커피나 한 잔 하자.

항아리 깨진 조각으로 지붕을 장식한 카페는 실내 장식도 그윽한 황토로 장식돼 있었다. 커피를 주문하고 난 뒤, 자리에 앉았다. 미란이는 스마트폰을 들고 이리저리 사진을 찍었다. 이 대리가 들고 온 커피도 사진을 찍어 한동안 스마트폰으로 무언가를 입력했다. 그 모습을 본 이 대리는 마음 속으로 불만을 가졌다.

이철벽 '치, 여기까지 와서는 스마트폰만 만지작거리고', 뭐하고 있어?

김미란 응, 지금 이 카페가 너무 예뻐서 사진 찍어서 SNS에 올리려고.

이철벽 미란아, 혹시 SNS에 글을 올리면 지금 어디에 있는지도 같이 올라가는 것 알아? 예전에 미란이 SNS에 들어갔더니 글을 올린 위치가 나와 있더라고. 알고 있었어?

김미란 응. 그게 뭐?

이철벽 개인의 위치정보는 중요한 개인정보거든. 예를 들어보자. 미란이가 너무 예쁘니까 미란이를 쫓아다니는 남자가 생겼다고 해보자. 그 남자는 지금 어디에 너를 가야 볼 수 있는지 모르겠지? 그런데 SNS에 방금 글이 올라왔는데 보니 그곳 위치가 있는 거지. 그럼 그 남자가 금방 알겠지?

김미란 그래서 뭐?

이철벽 그럼 다른 예를 들어보면, 해외여행 간다는 사실을 자랑하기 위해 비행기 티켓을 SNS에 올렸어. 티켓의 바코드를 해석하면 이름, 항공권 번호, 예약번호, 회원번호 등을 해석해 낼 수 있거든. 이런 정보를 알게 되면 항공권 취소나 변경도 가능하겠지?

미란이는 조금 심각해졌다. 스마트폰을 놓고 이 대리의 말에 귀를 기울였다.

김미란 정말 그런 일이 가능해?

이철벽 요즘 SNS를 많이 하는 한 사람의 글을 쭉 살펴보면, 그 사람이 어디에 사는지, 어떤 친구들과 만나고 노는지, 어떤 브랜드의 옷을 좋아하는지, 생활 패턴은 어떠한지 등을 다 알 수 있고, 직장 등 개인 신상을 웬만하면 알 수 있거든. 그러니 SNS에 올라온 정보만으로도 그 사람을 스토킹하거나 장난삼아 비행기 티켓도 변경하거나 취소가 가능한 거지.

김미란 무서운 세상이네.

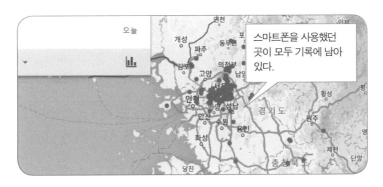

위치정보를 저장한 후 이동했던 곳에 빨간 점이 기록되어 있다.

하루의 이동경로가 빠짐없이 기록되고 있다.

✓ 그림 3-2 **구글 타임라인**(출처: https://www.google.com/maps/timeline)

미란이는 갑자기 무서운 생각이 들었다.

김미란 SNS에 올리기 위해 식사를 하기 전 세팅한 것을 촬영도 했고, 여행계획이나 출장계획 같은 것도 SNS에 올렸는데, 그것이 범죄에 악용될 수도 있다는 뜻이잖아? 그럼 오빠. 어떻게 하는 게 좋을까?

이철벽 대통령의 오늘 일정은 극비 정보야. 그런데 대통령이 행사를 치르고 나서 떠나게 되면 그 일정은 극비가 아닌 그냥 정보가 되고 신문, 뉴스를 통해 누구나 알 수 있는 정보가 되는 거지. 우리 위치정보도 마찬가지로 지나 간 정보는 SNS 같은 데다가 올려도 괜찮겠지만, 실시간으로 올리는 것은 이 제까지 알게 모르게 유출된 나의 다른 정보와 결합해 내 신상에 위험을 줄 수 있는 위험한 행동이 되는 거지. 스토커의 표적이 될 수도 있고, 다른 사람 에게 과도한 정보를 주게 돼 우리가 피해를 입을 수 있는 거야.

이 대리는 어제 SNS의 폐해에 대해 정리해 둔 기사를 본 것이 다행이라는 생각을 했다.

이철벽 우선은 SNS에는 개인 신상을 유추할 수 있는 사실을 올리지 않는 것 이 좋아. 직장을 알 수 있는 로고는 빼고 올리는 편이 좋겠지? 두 번째는 일 정 정보를 제공하지 않는 게 좋겠어. 혹시나 도둑 맞을 수 있으니까. 일정을 마치고 나서 올리는 방법이 좋을 것 같아. 세 번째는 위치정보를 노출하지 않는 것이 좋을 듯해. 스토커가 알면 안 되잖아. 넷째는…

이 대리는 말하다 말고 미란이를 쳐다보았다.

이철벽 남자 친구와 있을 때는 SNS를 생각하지 않았으면 좋겠어.

김미란 지금 오빠랑 안 놀아준다고 나 지금 야단치는 거지? 알았어. 놀아줄 게

미란이는 이 대리의 손을 슬쩍 잡았다. 이 대리와 미란이는 주문한 커피를 마시며 초여름의 창 밖 풍경을 감상하기 시작했다.

SNS에 게시물을 올리면 그 사람의 위치를 알 수 있으므로, 현재나 미래의 일을 기록할 때는 주의를 기울여야 한다. 프라이버시 침해가 되는 정보의 대부분은 스스로 유출하는 것이다.

위치정보를 끌 수 있다.

위치서비스를 선택할 수 있다.

–안드로이드: 설정 → 연결 → 위치

–아이폰, 아이패드: 설정 → 개인정보보호 → 위치 서비스

–아이폰, 아이패드는 앱별로 위치 서비스를 제어할 수 있다.

✔ 그림 3-3 핸드폰의 위치 정보를 끄는 방법

✅ 참고	
http://www.medicurity.com/11	핸드폰의 위치 정보 끄는 방법

사이버스토킹

김미란 오빠!

점심을 먹고 나른한 오후 2시경, 미란에게서 짧은 톡이 왔다.

이철벽 왜? 점심은 맛있게 먹었어?

이 대리는 평소와 같이 점심 인사를 했다.

김미란 오빠! 잘 모르는 남자가 SNS에서 계속 아는 척하면서 이상한 댓글을 남기고 있어.

이철벽 어?

이 대리는 갑작스런 미란의 얘기에 깜짝 놀랐다.

김미란 어떤 사람인 것 같아?

이철벽 며칠 전에 SNS에서 친구신청을 한 사람이 있었는데, 별 생각 없이 친구 승인을 해 줬더니, 그 다음부터 계속 쪽지를 보내다가 톡으로도 보내고 있어.

이철벽 음... 책에서 보던 SNS 스토킹이 맞는 것 같네.

사이버스토킹에 대한 사례를 미란에게서 실제로 들을 줄은 몰랐다.

김미란 처음에는 그냥 인사나 하자고 그러더니, 이젠 만나자고 그래. 나 어떻게 해?

이철벽 사이버스토킹 같은데… 일단, 내가 좀 알아보고 연락할게. 우선은 퇴근할 때 내가 데리러 갈 테니까 기다리고 있어.

이 대리는 전화를 끊고, 인터넷 검색을 통해 어떻게 조치해야 할지 고민을 해 보다가 사이버 수사대에 있는 대학 동창 백신임 경장에게 전화를 걸어 물어보았다.

이철벽 신임아, 오랜만이다.

백신임 오랜만이야. 어떻게 지냈어? 목소리가 심각해 보이는데, 무슨 일 있어?

이 대리는 미란이에게 일어났던 사이버스토킹에 대해 얘기했다.

백신임 음… 그럴 경우에 일단 단호하게 대처해야 해. 우선은 싫다는 표현을 명확하게 하고, 혼자 해결하려고 하지 말고 주변 사람에게 보호를 요청해야 해. 그리고 피해를 대한 증거를 계속 수집하고, 사건 경위를 메모해 둬야 나중에 신고할 때 도움이 돼. 혹시라도 폭력적으로 변할 수도 있으니 외부에서는 조심하는 것이 좋겠고, 만약에 싫다는 데도 스토킹이 계속되면, 피해가 경미하더라도 경찰에 지속적으로 신고를 하는 게 좋아. 그런데 스토킹은 경범죄 처벌법에 의해 8만원 정도의 처벌만 받아. 심각할 수도 있는 범죄인데, 처벌은 생각보다 좀 가볍지?

이철벽 알았어. 많은 도움이 되었네.

이 대리는 사이버스토킹에 대해 피해를 입는 사람에 대한 사회적인 배려가 미약하다는 사실이 안타까웠다. 이 대리는 신임에게서 들은 대처법을 미란이에게 알려주고, 단호하게 싫다는 표현과 함께 이 대리와 함께 찍은 사진 등을 함께 SNS에 올려 스토킹하는 사람을 단념시키자는 얘기를 했다. 미란이는 이 대리가 얘기한 대로 이 대리와 다정하게 찍은 사진을 SNS에 올리고, 스토커에게는 남자친구가 있어 다시 연락하지 않았으면 좋겠다는 톡에 남겼다.

현행 '경범죄처벌법'상 스토킹 처벌 기준		
	처벌 불가	처벌 가능
명시적으로 거절했음에도 지속적으로 면회·교제를 요구하는 경우	단순히 1~2회 이성에게 교제를 요구하는 구애 수준의 행위	- 3회 이상 면회·교제를 요구 - 2회라도 상대방에게 공포·불안감을 주는 명백한 사유가 있을 경우
지켜보기·따라다니기 등을 반복하는 경우	피해자의 불안감이 커도 명시적 거절 의사 표현이 없었을 경우	스토킹 신고를 한 차례 당했음에도 지켜보거나 따라다니는 행위를 반복하는 경우

✔ 표 3-7 **스토킹** 처벌 기준(자료: 경찰청)

김미란 오빠. 마지막 톡을 보내고 나서는 스토커에게서 연락이 없네.

이철벽 아직 조심스럽지만 조금 더 기다려보자. 앞으로는 스토커에게 정보를 주지 않기 위해 자주 가는 곳이나 집을 알 수 있는 힌트, 사적인 생활, 가족이나 친구의 이름, 전화번호 같은 정보를 유추할 수 없게 해야 해. 만약 SNS에서 시작된 사이버스토킹 정보를 취합해서 미란이가 있는 곳을 확인할 경우에는 현실상의 스토킹이 될 수도 있어. 혹시라도 정도가 더 심해지거나 위협이 계속된다면 SNS를 탈퇴하는 것도 방법이야. SNS가 사람들 사이를 가깝게 해주기도 하지만, 다른 목적으로 사용할 수도 있으니까. 명심해야 해. 절대 SNS에 나를 알 수 있는 정보를 올리지 않기! 알았지?

김미란 알았어 오빠!

미란이는 이 대리의 말대로 앞으로는 내가 어디에서 무엇을 하는지에 대해 SNS에 자세하게 올리지 않기로 했다. 그리고 예전에 올렸던 글 중에서 내가 어디에 살고, 무슨 일을 하고, 가족을 알아차릴 수 있거나 지극히 개인적인 일들을 알 수 있는 내용 등 개인정보나 위치정보를 유추할 수 있는 게시글이 있는지 확인하고 우려가 되는 게시글은 모두 삭제하기로 했다.

1. 상대방에게 분명한 의사를 전달한다.
2. 사이버스토킹을 예방하기 위해서는 개인정보(사진, 이름, 가족관계, 사는 곳, 연락처 등)를 SNS, 프로필 등에 게시하지 않아야 한다.
3. 개선의 여지가 없을 경우 계정을 탈퇴하는 것도 방법이다.
4. e-메일, 각종 모바일메신저(카카오톡, 라인 등)의 증거를 수집해 경찰에 신고한다.

✓ 표 3-8 사이버스토킹 대처법

인터넷 명의 도용

출근을 한 이 대리는 일에 열중이었다.

이철벽 왜 매일 이렇게 바쁜 걸까?

급한 서류작업을 마친 이 대리. 커피 한 잔을 타서 바람을 쐬러 갔다. 엘리베이터 앞에 서 있는데 '이체 5만원 막 터져 통신사'라는 문자가 왔다.

이 대리는 '잘 터져 통신사'를 이용하고 있었기 때문에 잘못 온 문자가 아닌가 생각됐지만, 우선 커피 한 잔을 마시고 생각하기로 했다. 10여 분의 휴식 후 자리로 돌아온 이 대리는 혹시나 해서 스마트폰 은행 앱을 통해 이체 내용을 확인했다.

이철벽 어라, 진짜 '막 터져 통신사'에서 내 통장의 돈을 빼 나갔네?

이 대리는 인터넷 포털 사이트에서 '막 터져 통신사'의 고객센터 전화번호를 알아내 전화했다.

통신사 반갑습니다. 고객님. '막 터져 통신사'입니다. 무엇을 도와드릴까요?

이철벽 제 통장에서 '막 터져 통신사'의 요금이 빠져 나갔는데요, 저는 '잘 터져 통신사'를 이용하고 있거든요. 무슨 착오가 있는 것 같습니다.

통신사 확인해 드리겠습니다. 고객님.

이 대리는 고객센터와의 오랜 상담 끝에 다른 사람이 이 대리의 계좌번호를 이용해 자신의 통신요금을 결제했음을 확인할 수 있었다.

이철벽 아니, 본인 확인도 철저히 하지 않고 그냥 막 결제하는 법이 어디 있습니까?

통신사 저희 잘못입니다. 죄송합니다.

'막 터져 통신사'에서는 행정처리를 마치고 출금된 금액을 입금해 주기로 했다. 이 대리는 대기업인 통신사에서조차 본인확인 절차에 허점이 있다는 사실에 큰 충격을 받았다. 인터넷으로 거의 모든 일을 처리할 수 있는 시대에 명의 도용을 당하지 않도록 잘 관리해야만 한다는 점을 깨달았다.

이 대리는 이 사건을 계기로 인터넷상의 ID와 명의 도용에 대해 조사해 보기로 마음먹었다.

인터넷에서 조사된 명의 도용 사례는 다양했다. 주로 발견된 사례는 포인트가 있는 쇼핑몰 같은 곳에서 ID를 도용해 로그인 후, 적립된 포인트를 활용해 모바일 상품권을 구매, 스마트폰으로 전송받는 수법이 많았다. 개인정보 유출로 확보된 ID를 다른 사이트에 접속하고, 비밀번호를 추측해서 로그인하거나, 비밀번호를 크랙해서 공격하는 방법을 이용하는 식으로 파악됐다. 별도의 인증 절차가 없이 포인트로 결제할 수 있는 허점을 노렸다.

명의 도용을 조사하다 보니 신상 도용이라는 것도 발견했는데, 인터넷에 공개된 자신의 사진을 임의로 사용해 블로그나 채팅사이트에 가입해 다른 사람을 사칭하는 경우도 있었고, 아예 다른 사람의 사진과 이름, 명의, 개인글을 모두 복사해서 SNS 상에서 타인으로 살아가는 경우도 있었다.

이철벽 와, 정말 개념 없는 사람들도 많네.

이 대리는 자신의 아이디와 비밀번호를 정리하기로 마음먹었다. 이 대리가 가입한 사이트와 사이트별 아이디, 비밀번호를 정리해 보니 수십 개는 되는 것 같았다. 이 것을 일일이 기억한다는 것은 거의 힘들 것 같고, 또한 오랫동안 사용하지 않아 기억조차 없는 사이트도 있을 것 같았다. 가입한 사이트와 아이디, 비밀번호를 엑셀

파일에 잘 정리해두고, 엑셀파일 자체는 읽기 암호를 걸어 사용하라는 박 과장님의 말을 떠올리며, 은행계좌번호, 카드번호 같은 금융정보는 그 어떤 곳이든 가능한 제공하지 말아야겠다고 생각했다.

정리를 마친 뒤, 잠시 밖에 나간 이 대리는 미란이에게 전화를 걸었다.

이철벽 오늘 '막 터져 통신사'에서 내 계좌로 자동이체를 신청해서 돈이 빠져나갔더라. 그런 일이 꽤 있나 봐. 그리고 요즘 신상 도용이라는 게 있는데 인터넷 공간에서 예쁜 사람의 사진을 훔쳐서 마치 자신인 것처럼 행동한대. 그리고 예쁜 여자 사진을 일본의 술집 광고에 사용하는 경우도 많다고 하네.

김미란 맞아. 우리 회사에 박허영이라는 선배 언니가 있는데, 어떤 사람이 언니 계정으로 SNS에 가입해서 우리 회사 직원을 사칭했나 봐. 오빠. 완전 어이없지?

이철벽 진짜 그런 일이 있네.

김미란 도대체 어떤 사람들이길래 다른 사람을 사칭하는 일을 할까?

이철벽 대체로 자존감이 낮고, 다른 사람의 삶을 동경하는 사람들이 그렇다는데… 피해를 당한 사람 입장에서는 경찰에 연락해도 법적으로는 처벌할 수 없다고 하고, 그런 일이 비일비재하나 봐.

김미란 그게 법적인 처벌이 안 된다고? 완전 사기 아니야?

이철벽 미국이나 캐나다에서는 사기 혐의로 처벌이 가능하다는데, 우리나라는 아직 안 된대. 피해를 입었다는 사실을 증명해서 민사소송을 해야 해. 일부 변호사는 저작권법이나 초상권 침해로 고발이 가능할 거라고 하는데 아직 법률적인 논쟁이 있어.

김미란 그럼 우리 회사 언니처럼 자기도 모르는 SNS 계정이 생겨서 피해를 입는 경우는 어떻게 해야 해?

이철벽 그럴 경우에는 SNS 회사의 고객센터에 신분증을 보내서 그 사람이 날 사칭하고 있다는 사실을 증명하면, 대부분 계정을 정지시켜 준다고 하더라고.

김미란 그 언니한테 알려줘야겠다. 과장님이 불러. 오빠 이따가 봐.

이철벽 그래, 이따가 봐.

정말 무섭다. 그럼 인터넷에 나를 사칭해서 나인 것처럼 행동하고 있는데, 그런 이상한 짓을 해도 처벌받지 않는다는 거야? 완전 명예훼손 같은데.

이 대리는 인터넷 시대의 병폐를 보는 것 같아 몹시 안타까웠다.

1. 쇼핑은 안전한 사이트에서 할 것. 유명하지 않은 쇼핑몰에서는 ID를 비롯한 개인정보 처리과정을 신뢰할 수 없다.
2. 개인정보를 다른 사람들에게 유출하지 않도록 주의해야 한다.
3. 주민등록번호와 비밀번호 철저히 보호한다.
4. 컴퓨터상의 민감한 데이터는 파일에 암호를 걸어 사용해야 한다.
5. 사이트마다 수준을 정하고 각각 다른 ID/Password 사용한다.
6. 의심되는 제목의 메일은 주의하고, 확실하지 않은 첨부파일은 다운로드하지 않아야 한다.
7. 자신의 신용정보를 확인해 지속적으로 관리해야 한다.
8. 자신의 로그인 정보를 확인해 내가 아닌 다른 사람의 도용 시도를 모니터링해야 한다.

✓ 표 3-9 ID 도용을 피하는 방법

잊혀질 권리

김미란 오빠. 저녁에 시간 있어?

점심시간이 얼마 지나지 않은 나른한 시간, 미란에게서 연락이 왔다.

이철벽 미란이가 먼저 연락하다니 이게 웬일이야. 오늘 해가 서쪽으로 지겠네.

김미란 해는 원래 서쪽으로 지거든!

이 대리의 썰렁한 농담에 미란이의 답이 날카로웠다.

이철벽 왜 그래. 무슨 일 있어?

김미란 아니 별 일은 아닌데…

미란이는 조금 망설이는 듯 말끝을 흐렸다.

이철벽 무슨 일이야?

답답한 마음에 이 대리는 재차 물었다.

김미란 사실은 지난 번에 얘기했던 우리 회사 언니 얘긴데...

이철벽 누구? SNS에 자기 신상 도용당했다는 그분?

김미란 어. 맞아. 그 선배 언니.

미란이가 말한 사연은 이랬다. 미란이의 회사 선배 언니가 사귀던 남자친구와 헤어졌다. 남자친구는 미련을 못 버리고 계속 만나달라고 조르고 있었고, 선배 언니가 말을 듣지 않자 연애시절 장난 삼아 찍은 은밀한 사진과 동영상을 인터넷에 올리겠다고 협박을 했는데, '설마 올릴까' 싶어서 무시했더니 어느 날 인터넷에 올린 URL을 보내왔다고 한다. 진짜인가 싶어 눌러 보았더니, 자신의 사진과 사생활이 찍힌 동영상이 올라가 있었다고 한다. 일단 경찰에 신고하기 전에 미란이의 남자친구가 보안에 지식이 많은 사실을 알고, 인터넷에 게시된 사진을 지울 수 있는 방법을 알 수 있는지 해서 한 번 만나자는 것이다.

이철벽 이런 나쁜 놈! 당연히 도와 드려야지. 저녁에 어디서 볼까?

사연을 들은 이 대리는 그 남자의 치졸함에 치를 떨었다. 이 대리는 일주일 전쯤 관심있게 본 신문기사에서 '잊혀질 권리'라는 구절을 생각해 냈다. 스크랩해 둔 신문기사를 다시 읽고, 방송통신위원회에서 '인터넷 자기게시물접근 배제 요청권 가이드라인'을 내려받아 읽어보았다. 또한 디지털 장의사[01]에 전화를 걸어 미란이의 선배가 관심 있어 할 질문을 몇 가지 했다.

퇴근 후 미란이와 선배를 카페에서 만났다. 미란이의 선배는 고민을 많이 해서 그런지 얼굴이 초췌했다. 혹시나 알아보는 사람이 있을지 몰라서 실내에서도 선글라스를 벗지 않았다.

이철벽 마음 고생이 많으시지요? 미란이를 통해 말씀은 들었습니다.

박허영 네. 그 나쁜 놈이 인터넷에 진짜로 올릴 줄은 몰랐어요.

이철벽 제 생각에는 더 확산되기 전에 빨리 게시 중단(블라인드), 또는 삭제 처리를 하고, 전 남자친구는 경찰에 신고하는 것이 좋겠어요.

박허영 어떤 방법으로 지울 수 있나요?

이철벽 우선, 사이트 관리자에게 연락해 개인정보에 해당되는 내용이므로

---

01   인터넷에서 검색할 수 있는 디지털 기록을 지워주는 업체

게시물을 삭제해 달라고 공문 형태로 요청을 합니다. 그럼 사이트 관리자가 검토 후 게시 중단 처리를 하고 난 뒤 이의신청을 30일 동안 받고, 이의가 없으면 삭제하는 겁니다.

박허영 이의가 있으면요?

이철벽 그럼 다시 복원될 가능성이 있지요.

박허영 그럼 어떡해요?

허영 씨는 울상이 되었다.

이철벽 지금 같은 경우에는 그리 걱정 안 하셔도 될 것 같아요. 혹시나 업체에 맡기게 되면 사이트당 비용이 상당해요. 자세한 것은 업체에 문의하셔야 할 것 같아요. 혹시 남자친구가 보냈다는 문자를 좀 확인할 수 있을까요?"

미란이 선배는 스마트폰의 잠금 장치를 풀고 전 남자친구에게서 온 문자를 보여줬다. 문자에는 'http://goo.nl/ABCDEF.htm'이라는 단축 인터넷주소^{URL}가 들어있었다.

이철벽 한 번 클릭해 보겠습니다.

박허영 네.

기어가는 목소리로 대답을 했다. 남이 자신의 개인적인 사진을 보는 것을 좋아할 사람은 없을 것이다. 이 대리는 주소를 클릭했다. 단축 인터넷주소^{URL} 서비스를 통해 들어간 곳의 주소는 'http://123.123.123.123/girlfreind/index.htm'로 외부에 공개된 홈페이지가 아닌 사설 서버였다.

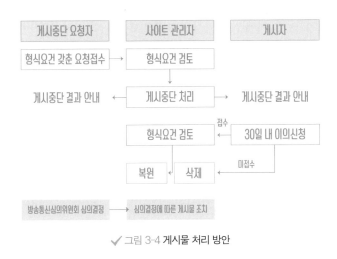

✓ 그림 3-4 게시물 처리 방안

이철벽 하하, 남자친구가 아직은 유포가 될 수 있는 사이트에 올린 게 아니군요?

박허영 그게 아니라고요? 그래도 스마트폰에서는 다 보이던데요?

이철벽 보이긴 보일 거예요. 그래도 아직까지 인터넷에서 유포되지 않았어요. 남자친구가 그냥 허영 씨를 압박한 것 같네요. 제 생각에는 인터넷에 유포할 생각은 많이 없는 것 같아요. 경찰에 신고하기 전에 남자친구에게 연락해 마음을 터 놓고 다시 한 번 얘기해 보세요. 그래도 안 되면 경찰에 신고해야겠지만요.

간략히 상황을 설명한 이 대리는 고맙다고 인사를 하는 선배를 뒤로 하고 미란이와 카페를 나왔다.

이철벽 디지털 시대의 병폐다.

김미란 무슨 소리야?

이철벽 예전 비디오를 보던 시절에도 은밀한 사생활을 찍은 비디오들이 나

돌고는 했어. 유명 여배우와 여가수가 출연한 비디오들이 있었거든. 그런데 확산 속도는 굉장히 느렸어. 생각해봐. 비디오를 복사할 수 있는 곳이 그리 흔하지는 않았잖아. 비디오는 복사하면 할수록 화질도 나빠지니 더더욱이나 그랬지. 그런데 지금은 스마트폰 카메라로 사진과 동영상을 찍을 수가 있어서 사생활이 고스란히 유출되고 있어.

김미란 예전부터 그런 사진이나 동영상을 찍기도 했구나.

이철벽 사람의 본능이기도 하고, 가장 관심 있어 하는 부분이잖아. 이런 개인적인 사진이나 동영상도 문제지만, 더욱 문제는 악플이나 악성게시물이야. 방송이나 인터넷에서 말 한마디 잘못하면 마녀 사냥하듯이 신상을 털고, 그 사람에 대한 악플, 악성게시물을 등록하는데 그 정신적인 피해는 말도 못해. 그래서 불필요한 언행은 삼가는 게 좋겠어.

김미란 그래. 인터넷에 올라온 악플들을 보면, 과연 사람이 올린 것이 맞나 싶더라고.

이철벽 악플을 견디지 못해 자살한 사람들도 꽤 있다고 하더라.

김미란 그 언니, 잘 해결됐으면 좋겠다.

이철벽 그래. 잘 해결되겠지.

✅ 셀프 보안을 위한 팁!

1. 친구나 연인 사이의 은밀한 사진, 동영상을 찍지 않는다. 인터넷과 연결된 사회에서 촬영된 사진은 의도하지 않아도 어떻게든 유출될 수 있다.

2. 인터넷상 불필요한 언쟁을 하지 않는다. 특히 광적인 팬들이 있는 정치인, 연예인에 대한 댓글은 악플로 연결될 가능성이 높다. 제일 좋은 방법은 인터넷에서 눈으로만 보는 것이다.

3. 악플에 대해 무시한다.

4. 악플의 도가 지나쳐서 도저히 용서가 되지 않을 때에는 경찰에 고소한다.

5. 스스로도 악플을 게재하지 않는다.

나를 감시하는 사람들

이 대리는 여름 햇빛을 맞으며 일어났다. 베개는 땀으로 축축했다.

이철벽 벌써 한여름이네.

오늘은 미란이와 영화 「스노든」을 보러 가기로 했다. '에드워드 스노든'은 미국 CIA 요원이었는데, 미국인에 대한 무차별적인 정보수집을 폭로한 내부고발자. 며칠 전 스노든에 대한 자전적인 영화가 개봉된다는 얘기를 듣고 보안 공부하는 데도 도움이 될 것 같기에 데이트 삼아 미란이와 같이 보러 가기로 한 것이다.

미란이를 만나러 가려고 현관문을 나서는데, 확 다가오는 뜨거운 공기가 느껴지며 숨이 콱 막혔다. 엘리베이터를 타고 내려가는 도중, 엘리베이터 한 구석에 CCTV가 있는 것을 봤다.

이철벽 엘리베이터에도 CCTV가 있네.

미란이와 만나기로 한 영화관 매표소에서 예약된 표를 출력하고 영화의 홍보물을 꺼내 읽었다.

> 미국 국가안보국(NSA)는 프리즘(PRISM)이라는 프로그램을 통해 구글, 페이스북, 야후, 스카이프, 팔톡, 유튜브, 애플, ADL, MS 등의 미국의 주요 기업들이 운용하는 서버 컴퓨터에 접속해 개인의 이메일과 영상, 사진, 음성 데이터와 파일전송내역, 통화기록, 인터넷 접속기록 등 온라인 활동에 대한 모든 정보를 수집하고 있다

✓ 표 3-10 미국 국가안보국의 프리즘

이철벽 그게 가능해?

이 대리는 스마트폰을 꺼내 프리즘을 검색하기 시작했다. 프리즘은 미국 9.11 테러 이후에 테러 예방을 위해 인터넷을 감시하기 위해 개발되기 시작했다. 또한 미국 국가안보국에서 에셜론^{Echelon} 시스템을 운영하고 있다고 했다. 기사를 보니 에셜론은 120개가 넘는 위성을 기반으로 감시 범위를 범 지구적인 영역으로 확장하고 있었다.

에셜론은 전화, 팩스, 전자메일, 라디오 전파는 물론 항공기 · 함정의 전파 등 지구상에서 오가는 모든 유 · 무선 통신내용을 도청하고 있다. 인공위성이나 해저 케이블, 광선로를 통한 전화 통화와 메시지도 감청 가능하다. 에셜론은 120개가 넘는 인공위성과 음성분석 능력을 가진 슈퍼컴퓨터를 동원해 하루 30억 건의 통화를 감청하는 것으로 알려져 있다. 에셜론은 대부분의 국제 통신망을 도청하고, 통신위성 · 지상통신 · 라디오 통신을 모니터하며, 이러한 모든 장비를 연결하여 미국과 동맹국들에게 정보를 제공하게 된다. 특히 '테러', '핵무기', '대통령' 등 특정 단어가 포착될 경우 슈퍼컴퓨터는 통화 내용 정밀 분석에 돌입한다.

✓ 표 3-11 에셜론

자료를 살펴본 이 대리는 놀라움을 금할 수 없었다. 이미 오래전부터 우리가 사용하는 인터넷, 전화, 스마트폰 등이 모두 도청되고 있다는 사실을 상상조차 할 수 없었기에 기술적인 발전이 두려워졌다. 냉전이 무너지고 난 이후에는 기업 기밀을 훔쳐내는 역할도 수행할 수 있어 유럽연합에서는 사업 기밀을 전화, 팩스, 전자 메일을 사용해 전달하지 말라는 지침을 내렸다고 한다.

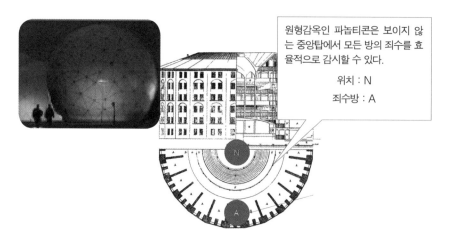

✓ 그림 3-5 에설론과 원형 감옥인 파놉티콘[02]

김미란 오빠, 뭐해?

이철벽 '미국이 전 세계를 감시하고 있구나', 응, 영화 내용에 대해 검색하고 있었어.

김미란 곧 영화 시작한다. 들어가자

영화관에 자리를 잡고 영화를 관람했다. 미란이는 관심사가 아니어서 그런지 꽤 지루해 했지만, 이 대리는 영화를 보는 내내 가슴이 먹먹했다.

기술의 발전은 인간에게 편리함을 주었지만, 그 기술로 인해 우리의 삶이 생중계되고 있다는 생각에 불안해졌다. 마치 발가벗고 세상에 나가는 것처럼, 누군가가 나를 항상 지켜볼 수도 있고, 내가 말하는 것도 누군가에 의해 도청될 수 있다는 사실에 경악했다.

영화를 보고 나와서 미란이와 간단히 저녁을 먹으러 주변 식당에 들어갔다. 미란이

02 파놉티콘: 1791년 영국의 철학자 제레미 벤담(Jeremy Bentham)이 죄수를 효과적으로 감시할 목적으로 고안한 원형 감옥을 말한다(출처: 두산백과).

는 영화가 그리 재미가 없었는지 별 반응이 없었다. 자기가 재미있는 영화를 보고 난 뒤에는 영화 리뷰를 찾아보거나 주인공에 대해 계속해서 말했었다.

이철벽 미란이는 영화가 별로 재미없었나 봐.

식당에서 주문을 한 뒤 미란이에게 물었다.

김미란 나는 그냥 일반인이라 개인의 사생활을 감시한다는 게 그리 거부감이 안 들어.

이철벽 왜?

김미란 내가 뭐 잘못한 것도 아니고, 그렇다고 내가 테러하는 것도 아니잖아.

이철벽 그게 그렇게 단순한 게 아니야. 정부에서는 모든 사람을 잠재적인 범죄자로 생각하는 거고, 내 사생활을 일거수일투족 감시하면 마치 발가벗고 다니는 것 같지 않겠어?

김미란 글쎄 난 잘 모르겠어.

마침 주문한 음식이 나와서 대화가 끊겼다.

며칠 뒤 인터넷을 뒤지던 이 대리는 놀라운 기사를 발견했다.

내용은 CIA가 인터넷에 연결된 스마트 TV를 해킹해서 상시적으로 도청해왔다는 의혹이 있다는 것이다. TV뿐만 아니라, 해킹할 수 있는 모든 기기를 대상으로 해왔다는 사실에 이 대리는 기가 막혔다.

이철벽 그 어떤 이유로도 개인을 감시하는 일은 용납될 수 없어. 최신 업데이트 적용을 철저하게 해야겠다.

✓ 그림 3-6 CIA의 해킹 폭로 기사(출처: 「디지털타임즈」 2017년 3월 9일자 기사)

이 대리는 모든 것이 연결된 세상이 무서워졌다. 인터넷을 끊고 살 수는 없겠지만, 최소한의 연결만 유지하는 방법을 찾아야겠다는 생각을 했다.

✔ 셀프 보안을 위한 팁!

---

1. '스마트' 기기 사용을 최소화하라. 인터넷에 연결된 모든 기기는 해킹 가능하다. 따라서 스마트 가전기기를 최소화하거나 인터넷을 차단하는 방법이 확실하다. 사용하지 않는 스마트 가전기기의 인터넷을 끊자.

---

2. 모든 기기를 업데이트하자. 대부분의 취약점은 수정되어 패치 프로그램이 제공된다. 항상 업데이트가 있는지 확인하고 적용하자.

---

3. 인터넷 익스플로러의 사용을 최소화하자. 인터넷 익스플로러에 저장된 암호는 간단하게 알아낼 수 있다.

---

4. 혹시나 모를 침해에 대비해 백업해 놓자.

---

5. 암호는 잘 만들고 철저하게 관리하자.

---

6. 노트북, 스마트기기의 웹캠 카메라, 마이크 구멍을 막자. 비용대비 가장 효율적인 방법이다.

내 정보의 가치

집에 돌아온 이 대리는 냉장고에서 맥주캔을 하나 꺼내서 뚜껑을 열었다.

이철벽 캬. 여름에는 시원한 맥주 한 모금이 제일이라니까.

이 대리는 영화를 보면서 생각한 프라이버시 침해 사례가 어떤 것이 있을까 궁금해졌다. 이 대리는 컴퓨터를 켜고 자료를 검색하니 많은 사례가 나왔다.

사례 1. SNS 감시

기업에서 사람을 뽑을 때 그 사람의 평소 행동을 알기 위해 SNS를 참고하기도 한다. 그래서 공무원이 되려는 사람은 블로그에 올린 반정부 성향의 게시물을 삭제하고, 기업에 취업하려고 하는 사람은 반기업 정서에 대한 글을 삭제하는 등 자신의 취업과 관련해서 불리할 만한 글을 삭제한다고 한다.

이철벽 이건 헌법에서 보장된 사상의 자유를 침해하는 거 아냐? 그렇지만 기업이나 정부의 입장에서 볼 때, 들어오겠다는 사람 많은데 굳이 자신들에게 비판적인 사람을 안 뽑을 수도 있겠네.

사례 2. 건강기록 유출

진료기록에 대한 정보가 유출되면 민감한 질병 정보가 다른 사람에게 알려지게 되며, 유전정보가 유출된다면, 향후 발생될 질병에 대한 예측이 가능해 기업에서는 좀 더 건강한 지원자를 선택하게 될 가능성도 있다. 결혼 상대자의 진료기록을 볼 수 있다면 편하게 결혼을 할 수 없을지도 모른다.

이철벽 아직까지 뚜렷한 사례는 없지만 암암리에 진행되고 있을지도 모르겠다. 건강 기록은 개인정보 중에서도 가장 예민한 부분인데, 예전에 AIDS나 성병 같은 꺼림칙한 병이 걸린 적이 있다든가, 결혼상대자의 임신으로 인한 산부인과 진료기록 등이 공개된다면 굉장히 심각해질 수도 있겠어.

이런 정보가 감시될 수도 있다고 상상하니 이 대리는 소름이 돋았다.

사례 3. 스토킹

스토킹을 당하다 스토커에게 목숨을 잃는 사례도 발생한다. SNS에 올려 놓은 정보를 통해 스토킹을 하다가 스토커의 요구가 받아들여지지 않을 경우 스토킹 대상을 살해하는 경우이다. 스토커는 자신이 원하는 상대의 정보를 SNS에서 쉽게 구할 수 있다. SNS에 올라온 정보만 조합해도 사는 곳, 직장, 취향, 학교, 친구관계 등을 아주 쉽게 알아낼 수 있다.

이철벽 스토커가 범행 대상을 SNS에서 자기 취향대로 고른다는 얘기를 들었는데, 정말 SNS를 조금 돌아다니다 보면, 왜 이런 정보까지 인터넷에 올리는지 궁금하긴 해.

사례 4. 전자정부

정부나 공권력은 우리를 더욱 쉽게 알아낼 수 있다. 정부 3.0으로 대변되는 대한민국 전자정부는 전 세계 전자정부 중에 가장 높은 효율성을 지닌다. 그 말을 다른 말로 하면 가장 정보가 집적돼 있다는 뜻이기도 하다. 누군가에 대해 알고 싶다면 전자정부에서 그 사람을 조회하면 거의 모든 정보를 알아낼 수 있다. 공권력은 추적하는 사람의 현재 위치를 스마트폰을 통해 실시간 감시할 수 있고, 교통카드 결제내역으로 이동경로를 파악하고, 곳곳에 있는 CCTV를 통해 차량을 통해 이동하더라도 추적할 수 있다. 내가 사용하는 신용카드 내역을 통해 현재 위치와 구입 성향도 분석해 낼 수 있다. 이젠 동전 없는 사회를 구축해 현금 결제내역까지 정보를 수집할 수 있게 되었다.

이 대리는 지금 우리의 일거수일투족이 누군가에게 추적당하며 살아가고 있다는 생각을 하게 되었고, 모든 데이터가 정보화돼 데이터베이스에 기록될 때, 그 유출

가능성은 언제나 존재하다는 생각을 하게 되었다.

이철벽 우리는 빅브라더 ^{Big Brother} 의 시대에서 살아가고 있구나!

정부에서는 시민을 보호하며 범죄자를 처벌하고, 범죄를 예방하기 위해 정보를 수집하고 감시활동을 한다고 하지만, 정보가 수집되는 데에는 관심을 두지만 다양하게 수집된 정보가 어떻게 관리되고 있고, 정보가 활용되고 있는지에 대해서는 그리 관심이 없어 보인다.

클라우드 시대가 도래한 지금, 클라우드에 올라간 내 정보를 어떻게 보호할 수 있을지에 대한 고민도 필요해 보인다. 혹자는 이렇게 폄하한다. '클라우드에 올라간 정보는 이미 내 정보가 아니라 공개된 정보다.'

이철벽 이렇게 정리하고 나니 프라이버시 문제가 많이 심각하구나.

이 대리는 예전에 보았던 윌 스미스가 주연한 「Enemy of State」라는 영화가 생각났다. 인공위성을 통해 주인공을 추적하고, 개인정보를 조작해 범죄자로 만들고, 신용카드 결제를 통해 위치를 파악하는 등 현재 우리가 걱정하는 모든 상황이 나왔다. 문제는 이 영화가 1998년 영화이고, 그때의 기술로도 가능했던 것이 현재는 얼마나 더 발전했을까 생각하니 오싹했다. 더 저렴하면서도 훨씬 강력한 감시 사회, 보이지 않는 간수로부터 모든 행동을 감시 당하는 벤담의 원형감옥 파놉티콘 ^{panopticon} 의 세상에 살고 있다는 생각을 했다.

모든 문제는 바로 정보를 생산하고 소비하는 우리들의 작은 행동에서부터 시작한다. 우리는 순간의 편리함 때문에 개인정보를 쉽게 포기하는 경향을 보이지만, 개인정보는 스스로 보호하는 것이 가장 기본이다. 일단 개인정보가 우리의 통제선 밖으로 나가게 된다면 걷잡을 수 없이 번져나갈 수 있다.

개인정보를 보호하는 것은 공짜로 이뤄질 수 없다. 개인정보를 보호하려면 어느 정도의 불편함을 감수해야 하고, 시간과 돈을 투자해야 할 수도 있다. 최소한 우리 스스로가 우리 정보를 쉽게 팔아버리는 행동은 지양해야 한다. 우리의 정보를 알아내려는 사람들은 결국 우리의 모든 정보를 찾아낼 것이다. 시간과 돈, 권력만 있다면 키보드를 몇 번 두드리면 우리의 거의 모든 정보를 알아낼 수 있다. 다행스럽게도 우리는 VIP가 아니다. 우리의 정보는 그다지 가치 있는 것은 아니기 때문에 약간의 장벽만 쌓으면 좀 더 쉽게 얻을 수 있는 사람의 정보에 관심을 두게 될 것이다. 우리 정보의 가치보다 투자하는 비용을 크게 한다면 우리의 정보는 오랫동안 보호할 수 있다.

이 대리는 개인정보가 유출돼 피해를 입는 상상을 해 보았다.

누군가가 나의 모든 것을 바라보고 있다는 상상,

내가 지금까지 앓았던 병들을 다른 사람이 알 수 있다는 상상,

내 DNA 정보를 분석해 향후 어떤 병이 걸릴지 다른 사람이 알 수 있다는 상상,

애인과 나누었던 대화를 누군가가 지켜볼 수도 있다는 상상,

내 위치와 전화통화내용, SNS 등의 내용을 들여다 볼 수 있다는 상상,

나의 신용정보와 통장 계좌에 얼마가 있으며,

신용도는 얼마인지 다른 사람이 안다는 상상,

내가 어떤 사상을 가지고 있으며, 취향은 어떤지 다른 사람이 안다는 상상 등.

그 외에도 상상할 수 있는 모든 일들이 가능하다.

이를 막으려면 작은 행동부터 시작하는 것이 바람직하다.

예를 들면 판촉행사 등에 연락처를 남기지 않는 것, 필요 없는 사이트에 가입하지 않는 것, 내가 동의하지 않았는데 홍보 전화가 온다면 홍보 전화 데이터베이스에서 삭제해 달라고 요청하는 것, SNS 등에 개인적인 신상을 추측할 수 있는 사진이나 글을 올리지 않는 것, 스마트폰에는 최소한의 앱을 설치하고, 최소한의 권한이 있는 프로그램을 사용하는 것, 공개되기 싫은 문자전송앱은 암호화 전송을 하는 앱을 이용하고, 검색한 내용을 남들에게 보이고 싶지 않다면 컴퓨터에서 시크릿 모드(사생활보호모드)를 이용해 검색하고, 흥미 있는 제목으로 유혹하는 메일을 클릭하지 않는 것 등 우리가 작은 부분들을 실천해 나갈 때 우리의 소중한 개인정보를 지킬 수 있다는 결론을 내렸다.

1. 회원가입을 하거나 개인정보를 제공할 때에는 개인정보취급방침 및 약관을 꼼꼼히 살핀다.

2. 회원가입 시 비밀번호를 타인이 유추하기 어렵도록 영문/숫자 등을 조합하여 8자리 이상으로 설정한다.

3. 가급적 안전성이 높은 주민번호 대체수단인 공공아이핀(i-PIN)으로 회원가입을 하고, 꼭 필요하지 않은 개인정보는 입력하지 않는다.

4. 비밀번호를 주기적으로 변경한다.

5. 타인이 자신의 명의로 신규 회원가입 시 즉각 차단하고, 이를 통지받을 수 있도록 명의도용 확인서비스를 이용한다.

6. 자신의 아이디와 비밀번호, 주민번호 등 개인정보가 공개되지 않도록 주의해 관리하며 친구나 다른 사람에게 알려주지 않는다.

7. 인터넷에 올리는 데이터에 개인정보가 포함되지 않도록 하며, P2P로 제공하는 자신의 공유 폴더에 개인정보 파일이 저장되지 않도록 한다.

8. 금융거래 시 신용카드 번호와 같은 금융 정보 등을 저장할 경우 암호화해 저장하고, 되도록 PC방 등 개방 환경을 이용하지 않는다.

9. 인터넷에서 아무 자료나 함부로 다운로드하지 않는다.

10. 개인정보가 유출된 경우 해당 사이트 관리자에게 삭제를 요청하고, 처리되지 않는 경우 즉시 개인정보침해신고센터(국번없이 118, www.118.or.kr)에 신고한다.

✔ 표 3-12 개인정보 유출방지를 위한 10계명

(출처: 한국인터넷진흥원 https://privacy.kisa.or.kr)

IoT를 통한 사생활 노출

점심을 먹은 이 대리는 전산실의 자유 씨와 커피를 한 잔 했다.

이철벽 내일 주말인데 뭐 하실 계획이에요?

권자유 지난 주에 강아지 한 마리를 분양받았는데 출근하면 강아지가 혼자 어떻게 지내는지 궁금하기도 하고, 강아지가 내가 출근하면 외로워하는 것 같아서 집에 CCTV를 설치할 생각이에요.

이철벽 오, 집에서 강아지를 키우세요? 강아지 이름이 뭐예요?

권자유 에스쁘아 ^{espoir} 예요. 프랑스어로 희망을 뜻해요.

이철벽 예쁜 이름이네요. 저는 강아지를 키우고 싶긴 한데, 털 알레르기가 있어서 키우지를 못하고 있어요. 자유 씨는 너무 좋겠어요.

즐거운 주말을 보내고, 또 다시 월요일이 돌아왔다.

이철벽 주말은 왜 이리 빨리 지나가지? 아무것도 하지 않아도 금방 하루가 지난다니까. 2일 일하고 5일 쉬는 방법은 없을까?

이런저런 생각을 하면서 이 대리는 사무실로 들어섰다.

이철벽 안녕하세요. 주말 잘 쉬셨어요?

전산실에 출근하는 이 대리가 인사를 했다. 다들 인사를 받아줬지만, 자유는 인사를 받지 않고, 얼굴이 어두워 보였다.

이철벽 이상하네. 무슨 일이 있나?

이 대리는 자판기에서 커피를 뽑아 자유에게 다가갔다.

이철벽 커피 한 잔 하세요.

권자유 네. 저 철벽 씨, 저랑 잠시 얘기 좀 할 수 있을까요?

이철벽 네.

이 대리와 자유는 직원 휴게실에 마주 앉았다.

이철벽 자유 씨, 무슨 일이에요?

권자유 지난 금요일에 에스쁘아를 위해서 CCTV를 설치할 계획이라고 말씀 드렸죠? CCTV를 설치한 뒤에 이상한 일이 생겼어요. 에스쁘아가 있는 매트 방향으로 카메라를 고정시켜 놓았는데, CCTV가 계속 제가 앉아 있는 소파 쪽으로 돌아오는 거 있죠? 이상해서 CCTV 설정에 들어가려고 했더니, 초기 패스워드를 누가 바꿔 놓았어요.

이철벽 설치할 때 초기 패스워드를 바꿔놓지 않았나요?

권자유 네. 그런 거 신경 안 썼죠.

이철벽 그랬군요. 제 생각에는 해커에 의해 CCTV가 해킹 당한 것 같아요. 그래서 어떻게 하셨어요?

권자유 일단은 CCTV를 꺼두고 어떻게 할지 이 대리님하고 상의하려고 했어요. 어떻게 하는 게 좋을까요? 혹시 제 사생활이 노출되진 않았겠지요?

✔ 그림 3-7 CCTV를 통한 사생활 노출 가능성(출처: http://liverex.net/2055)

이철벽 음. 제가 직접 경험한 적이 없어서 자료를 좀 찾아봐야 하겠지만, 제 생각에는 비밀번호를 잘 설정해 두기만 해도 해결될 것 같기는 해요. 제가 좀 찾아보고 말씀드릴게요.

이 대리는 커피를 마시는 자유를 앞에 두고, 스마트폰으로 CCTV 해킹에 대해 검색하기 시작했다. 건너편에 앉아 있는 자유는 초조한지 커피가 든 종이컵을 입에 물고 컵 테두리를 깨물고 있었다.

이철벽 요즘 나오는 CCTV 등이 모두 컴퓨터와 연결되다 보니 해킹 사례가 많은 것 같습니다. 자유 씨의 CCTV도 해킹된 것으로 보이는데, 비밀번호를 복잡하게 만들고, 전원을 자주 껐다 켜주는 방법을 이용해서 해킹을 방지하는 것이 좋겠어요. 금요일에 일어났던 일은 어쩔 수 없지만, 앞으로 관리를 잘 하면 되겠지요. 초기 설정만 잘해도 앞으로는 그런 일이 일어나지 않을 거예요.

권자유 이 대리님. 고마워요.

이철벽 참, CCTV 회사가 어디 제품인지는 모르겠지만, 가능하면 유명한 회사의 제품을 사용하는 것이 좋겠어요. 이름 없는 회사의 제품은 위험할 수도 있겠네요.

전산실 자기 자리에 돌아온 이 대리는 IoT^{Internet of Things 03} 해킹 사례에 대해 검색하기 시작했다.

이철벽 이제 모든 사물이 인터넷에 연결되는 IoT 시대가 시작되었는데, 해킹이 큰 문제가 되겠네.

인터넷에서 검색을 시작한 지 얼마 되지 않아 해킹 사례를 많이 찾을 수 있었다. 이 대리는 인터넷에서 본 사례를 정리했다.

1. 체외에서 조절되는 심장박동기의 해킹으로 심장박동기 동작 정지
2. 버스정류장 모니터를 해킹해 버스 안내기에서 음란물 방송
3. 스마트 냉장고와 TV의 보안 취약점을 통해 스팸메일이 발송
4. 프린터 해킹으로 인한 원치 않는 출력
5. 1인용 전동 휠인 세그웨이 해킹
6. 자동차를 해킹해 조향장치를 해커 마음대로 조종

✓ 표 3-13 다양한 해킹 사례

이철벽 와, 정말 많은 장치가 해킹되고 있네. 네트워크에 연결되는 스마트 기기들은 모두 해킹된다고 봐야하는 건가? 앞으로 더 많은 장치가 인터넷에 연결되면 더욱 더 해킹이 문제가 될 거야.

---

03 IoT: 사물인터넷, 모든 기기를 인터넷으로 묶는다는 의미. 집의 가스밸브, 전등 스위치, CCTV, 각종 소규모 센서들을 모두 인터넷으로 묶는다. 소규모 기기들은 보안에 더욱 취약하다.

이 대리는 앞으로 발전한 사물 인터넷 시대에 보안이 더욱 중요해 질 것임을 확신할 수 있었다.

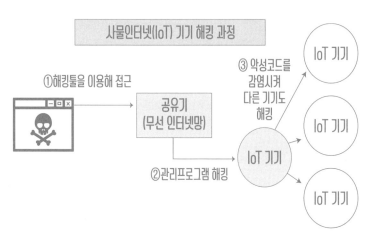

✓ 그림 3-8 사물인터넷 기기 해킹과정

1. 기본 패스워드를 반드시 변경하고, 비밀번호는 복잡하게 변경해야 한다.
2. 사물인터넷 장치를 주기적으로 껐다가 켜야 한다.
3. 인터넷에 연결된 기기의 보안기능 확인한다.
4. 저급한 제품보다는 검증된 기기를 구입. 특히 중국산 제품은 제품 자체에 해킹 도구가 설치된 제품도 있다.
5. 불필요한 원격 접근 기능은 꺼두는 것이 바람직하다(비활성화해야 함).

✓ 표 3-14 사물인터넷 기기 해킹 방지법

지금은
스마트폰 시대

나의 분신, 스마트폰

이 대리는 TV에서 피의자가 법정으로 들어가는 모습을 지켜보면서 음료수를 마시고 있었다.

이철벽 쩝, 저 사람 하나 때문에 얼마나 많은 사람들이 고생하는 거야!

아나운서 검찰에서는 피의자의 스마트폰에서 자동 녹음된 통화내역을 발견했습니다. 아마, 피의자의 죄를 입증하는 결정적인 증거가 될 것으로 전망됩니다.

아나운서는 피의자의 스마트폰에서 발견된 증거를 통해 범죄를 입증할 수 있다고 얘기하고 있었다.

이철벽 아, 맞다. 이제 모바일 보안에 대해 공부해 봐야겠다. 우선 스마트폰에 어떤 정보가 저장돼 있는지 알아봐야지.

그때 스마트폰이 울렸다.

이철벽 어라, 스마트폰에 등록된 번호가 아니네? 받아야 하나?

이 대리는 전화를 받아야 하나 잠깐 고민을 했다. 등록이 안 된 번호는 대부분 광고 전화이기 때문이기도 했고, 스마트폰도 아니고 일반 전화번호였기 때문에 고민을 한 것이다. 그래도 스팸전화번호 안내 앱에서는 아무 것도 뜨지 않아서 그냥 받기로 했다.

이철벽 여보세요?

김미란 오빠, 나 미란이. 나 스마트폰을 잃어버렸나 봐. 어떡하지?

이철벽 저런, 어디서 잊어버렸는데?

김미란 지하철을 타고 집으로 갈 때까지는 있었는데, 내리고 나서 찾으니까 없네. 아마 지하철에서 깜빡 졸 때 바닥에 떨어진 것을 몰랐나 봐.

이철벽 일단 통신사에 연락해서 분실 신고부터 하고, 지하철 유실물 센터에도 연락해서 스마트폰이 접수된 것이 있는지 확인해 봐. 그리고 지금 어디야?

김미란 나 지금 지하철 역이야.

이철벽 지금 그리로 갈게.

이 대리는 급히 미란이를 만나러 나갔다.

이철벽 통신사에 연락해 봤어?

김미란 응, 연락해서 스마트폰 정지시켰어. 그리고 지하철 유실물 센터에도 연락해 봤는데, 스마트폰이 들어온 것은 없대. 너무 속상해.

이철벽 그래. 안타깝지만 어쩔 수 없지 뭐. 잃어버린 것은 어쩔 수 없으니 이제 수습을 해야지.

김미란 무슨 수습? 통신사에 전화하고, 지하철역 유실물센터에 전화까지 했는데 또 할 것이 있어?

이철벽 스마트폰에 있는 정보가 얼마나 많은데 그냥 둬서는 안 되지.

김미란 스마트폰에 정보가 있어 봐야 얼마나 있겠어?

이철벽 아니 무슨 소리를 그렇게 해? 요즘 스마트폰은 컴퓨터랑 성능도 비슷하고, 생각보다 많은 정보를 갖고 있기 때문에 굉장히 주의해야 돼.

김미란 그래? 무슨 정보가 있을까? 그래 봤자 전화통화내역, 문자메시지, 사진 정도가 아닐까?

이철벽 아냐, 스마트폰에는 미란이가 생각하는 것보다 훨씬 많은 정보가 있어. 내가 설명해줄 테니 잘 들어봐.

이 대리는 정색을 하며 설명을 시작했다.

이철벽 스마트폰에는 미란이가 얘기했듯이 기본적으로 전화니까 통화내역이 있을 수 있고, 문자메시지 주고 받은 게 있을 거야. 그리고 사진도 많이 찍으니까 사진 정보도 있을 테고. 그런데 그것만 있을까?

김미란 또 뭐가 있을까?

이철벽 미란이도 스마트폰으로 금융거래하지?

김미란 응, 은행거래도 하고, 증권도 거래해.

이철벽 그럼 인증서도 스마트폰에 들어 있겠지. 문자 메시지 외에도 메신저 프로그램에서 주고 받은 메시지도 있을 거야. 그 외에 전화통화를 녹음한 파일과 GPS 이력도 있어. 연락처에는 전화번호도 있고, 요즘 생체인증이 스마트폰에 반영돼 있으니 지문 정보나 홍채 정보도 남겨져 있지. 내비게이션 앱을 살펴보면 자주 가는 곳도 알 수 있고, 인증서와 금융정보도 알 수 있고, 메일을 살펴봤다면 메일 관련 정보도 남겨져 있을 테고. 메일에서 첨부파일을 다운로드했다면 그 파일도 스마트폰에 남겨져 있을 거야. 브라우저의 인터넷 검색 기록 같은 것도 있어. 그리고 사진의 메타정보를 살펴보면 사진을 찍은 위치도 나타나서 사생활이 낱낱이 공개되게 돼. 그래도 스마트폰에 남겨진 정보가 중요하지 않아?

김미란 지금 스마트폰을 잃어버려서 내가 할 수 있는 게 아무것도 없는데 어떡해!

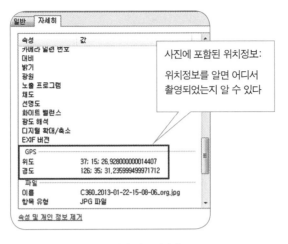

사진에 포함된 위치정보:
위치정보를 알면 어디서
촬영되었는지 알 수 있다

✓ 그림 4-1 사진파일에 있는 위치정보

미란이는 이 대리의 설명을 듣자 눈물을 글썽거리면서 안타까워했다.

이철벽 일단 분실 신고도 했고, 유실물 센터에도 없으니, 원격에서 접속을 한 번 해 보자.

김미란 스마트폰을 원격에서 접속할 수 있어?

이철벽 그럼 요즘 스마트폰은 원격 접속기능이 거의 다 있어. 미란이 스마트 폰은 내가 설정해 줬잖아? 그 때 내 스마트폰 찾기에 등록해 놨지.

이 대리는 인터넷이 되는 곳을 찾아 '내 스마트폰 찾기' 사이트에 접속했다.

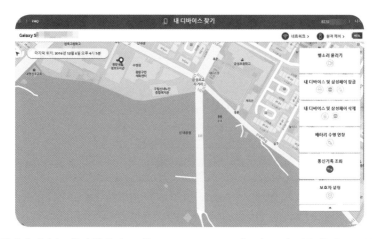

삼성의 내 디바이스 찾기 (출처: http://www.samsung.com/sec/apps/mobile/findmymobile)

✓ 그림 4-2 내 디바이스 찾기 기능

김미란 우와, 이런 게 있었네.

이철벽 그런데 지금 스마트폰이 있는 곳이 나오는데 어라? 지금 우리가 있는 곳이네!

이 대리는 지금 '내 디바이스 찾기'에 나온 스마트폰 위치가 이 대리가 있는 곳이라는 사실에 놀랐다. 이 대리는 벨소리 울리기를 클릭했다. 조금 있다가 큰 소리로 벨이 울리기 시작했다.

"삐리리리. 삐리리리"

김미란 어, 오빠. 가방에서 소리가 나!

미란이는 급히 가방을 열어 소리가 나는 쪽을 찾아보았다. 그곳에는 미란이의 스마트폰이 있었다.

이철벽 일단 시끄러우니까 벨소리부터 끄고, 미란이! 너 지금 스마트폰을 가방에 넣어두고 못 찾은 거였어?

김미란 어, 그게 지하철에서 졸기 전에 떨어뜨릴까 봐 스마트폰을 가방에 넣어뒀나 봐. 미안해.

이 대리는 살짝 짜증이 올라왔다.

이철벽 잃어버렸다고 해서 걱정했잖아. 앞으로는 조심하자.

김미란 그런데 오빠, 나한테 말도 없이 '내 스마트폰 찾기' 서비스에 가입한 거야? 혹시 내가 어디 있는지 감시하려고 그런 거 아냐? 말해 봐. 응?

이철벽 아니 그런 게 아니라 지금 같은 때 쓰려고 했지. 스마트폰 찾기를 하면 바로 스마트폰에 알림메시지가 뜬다고. 어떻게 그걸로 위치 조회를 해?

김미란 흥, 그걸 어떻게 알아?

이철벽 아니 화 풀어. 기왕 이렇게 만난 거 우리 맥주나 한 잔 하러 가자.

이 대리는 말을 흐리며, 미란이의 어깨를 감싸 안고는 역을 빠져나갔다.

✅ 셀프 보안을 위한 팁!

스마트폰은 사용자의 분신이라고 할 정도로 많은 정보를 갖고 있으므로 스마트폰을 잃어버리지 않도록 주의하고, 만일의 사태에 대비해 '내 디바이스 찾기' 서비스에 가입해 둔다.

스마트폰은 내 정보 창고

이 대리는 미란이를 데리고 역 밖으로 나왔다. 미란이가 오해한 부분에 대해 이해를 시키기 위해 이 대리는 무척 애를 썼다.

이철벽 정말 내가 이런 사태에 대비해서 가입한 거라니까. 내가 미란이 위치를 추적해서 뭐하겠어?

김미란 진짜야?

미란이는 제대로 째려보면서 말을 했다.

김미란 알았어. 속 깊은 내가 이해해야지.

이 대리와 미란이는 간단히 술 한 잔을 하기 위해 거리를 살펴봤다.

이철벽 미란아, 스마트폰 잃어버렸다고 생각해서 많이 긴장했을 텐데 지금은 어때? 긴장이 풀리니까 출출하지 않아?

김미란 응, 아까는 많이 놀랐는데, 지금은 좀 진정됐어. 오빠가 그렇게 얘기해서 그런지 배도 고프네.

이철벽 그렇지? 우리 오랜만에 치맥이나 하자.

이 대리는 괜찮아 보이는 치킨집에 들어가 파닭 한 마리를 시키고, 500cc 맥주 2잔을 시켰다.

이철벽 저희 맥주 먼저 주세요.

이 대리는 맥주와 기본 안주가 나오자 건배를 하는 둥 마는 둥 하고, 맥주를 혼자 쭉 들이켰다.

이철벽 아! 시원하다.

김미란 오빠, 열 받았어? 왜 그래요?

이철벽 아니야. 그냥 목이 좀 말라서. 참, 아까 하던 얘기 조금 더 해도 돼?

김미란 어떤 얘기? 스마트폰이 중요하다고?

이철벽 그렇지. 스마트폰은 그걸 갖고 다니는 사람의 분신이라고 해도 과언이 아니야. 전화송수신 기록, 통화녹음파일, 메시지 기록, 연락처, 일정, 사생활을 찍은 사진, 동영상, 각종 메모, 인터넷 검색 기록, SNS 기록 등 어떤 생각을 갖고 살고 있는지 다 알 수 있어.

김미란 그렇겠다. 그럼 스마트폰을 잃어버리면 어떻게 해야 돼?

이철벽 일단 제일 급한 것은 스마트폰에 들어있는 인증서, 지문 정보 등 금융거래와 관련된 정보를 신속하게 폐기하는 것이 좋아. 은행 홈페이지를 참고해서 신고하고, 인증서와 지문 정보도 폐기해야 해. 혹시나 스마트폰에 신용카드 정보도 들어있다면 신용카드 분실 신고도 해야 해. 요즘 사용하는 ○○페이 같은 것을 이용해서 신용 결제를 할 수 있으니 꼭 도난신고를 하는 것이 금전적인 피해를 줄일 수 있어.

두 번째는 스마트폰에서는 대부분의 경우 자동로그인 기능을 켜 놨기 때문에 습득자가 폰을 열어서 포털사이트에 들어가거나 메일을 확인할 수 있으니까 포털사이트와 이메일 계정에 대한 비밀번호도 바꿔야 해.

세 번째로 통신사에 연락해서 기기분실 신고를 접수하면 돼. 그 뒤에 중고 스마트폰을 하나 구해서 임시로 사용하고, 경찰서 등을 방문해 분실확인증을 뗀 뒤에 기다리는 거지. 누군가가 습득한 스마트폰의 유심을 교체해 사용하려 한다면 바로 습득자의 신원을 확인할 수 있게 돼.

김미란 아! 스마트폰 하나 잃어버리면 처리할 일이 너무 많네.

이철벽 요즘은 스마트폰으로 은행거래, 증권거래, 신용카드 기능도 모두 하기 때문에 지갑을 잊어버린 경우와 똑같이 처리해야 해. 그래서 스마트폰의 잠금을 쉽게 풀 수 없게 만들고, 지문을 등록하고 난 뒤 PIN 번호는 길게 만들어서 아무나 스마트폰을 사용할 수 없게 만들어야 하지.

김미란 쉬운 게 하나도 없구나. 어! 배터리가 다 됐네? 오빠. 내 스마트폰 저기 USB 포트에 좀 꽂아줘요.

이철벽 어이구. 요즘 스마트폰 배터리를 충전하기 위해서 아무 USB에다가 꽂는 경우가 있는데, 그것도 좀 위험한 행동이야.

김미란 왜, 충전하는 게 어때서?

이철벽 공공장소에 마련된 USB 포트로 충전을 하다가 악성코드 감염이나 데이터가 유출될 가능성이 있어. 케이블 연결 시 데이터 유출, 암호화, 삭제 등 다양한 악성 행위가 가능하고, 대부분의 미디어 파일에 접근도 가능해. 그래서 컴퓨터와 연결된 USB 포트에 연결할 때는 주의를 기울여야 해. 다시 말해 컴퓨터에 연결된 USB가 아닌 충전기로 충전하는 방법이 안전해. 외국에서는 개인정보 보호를 위해 'USB 콘돔'[01]이라는 장치를 개발해서 컴퓨터에 연결할 때 사용하는데 그 방법이 안전해.

김미란 그런 장치가 있어?

이철벽 응, USB에 대한 경각심이 낮아서 많이 알려져 있진 않아.

---

01 USB 콘돔: 공공장소의 믿을 수 없는 USB 포트를 이용할 때 전력은 사용하되 데이터 전송이나 동기화는 이뤄지지 않도록 하는 장치. 영국의 기술 전문 변호사 닐 브라운은 해킹으로 인한 데이터 유출 때문에 이 같은 제품이 인기를 끌고 있다고 분석했다(출처: 미국의 온라인 매체 쿼츠).

✔ 그림 4-3 해킹방지 USB 어댑터

이철벽 오늘 고생도 하고, 스마트폰에 대해 공부도 많이 했으니까 건배 한 번 하자.

김미란 철벽! 보안!

통화녹음	자주가는 곳(Tmap, 스마트폰 내비게이션)
사진	인증서
음성녹음	은행 결제정보
위치정보	메신저 전송기록 (카톡, 라인 등)
전화번호	스마트폰에 저장된 각종문서
SMS 이력	와이파이 접속이력 및 유심교체이력
지문정보	통화이력
홍채정보	클라우드 기록
mp3 파일(음악취향)	인터넷 검색기록

✔ 표 4-1 스마트폰에 저장된 다양한 정보

✅ 셀프 보안을 위한 팁!

스마트폰을 충전은 전용 충전기로 하는 것이 바람직하다. 왜냐하면 컴퓨터의 USB에 연결하게 되면 컴퓨터에서 스마트폰의 자료에 접속할 수도 있기 때문에 주의해야 한다.

스마트폰의 화면 잠금

이 대리와 미란이는 맥주를 들고 한 모금 시원하게 마셨다. 그때 아르바이트 학생이 안주로 시킨 파닭을 가져왔다.

김미란 그런데 오빠, 스마트폰을 잃어버리면 정말 정보유출이 많이 될까? 스마트폰 잠금 기능인 패턴이나 비밀번호가 있잖아.

이 대리와 건배를 마치고 난 미란이가 물었다.

이철벽 물론 그렇지. 그렇게 쉽게 풀리진 않겠지. 요즘 스마트폰에 대한 보안이 강화돼 조금 나아지기는 했어.

이 대리는 스마트폰의 보안 장치에 대해 설명하기 시작했다.

이철벽 일단 스마트폰에는 화면을 잠글 수 있는 기능이 있어. 화면 잠금 방식은 안드로이드 폰의 경우 패턴과 PIN, 비밀번호, 지문과 홍채인식 등으로 나눌 수 있어.

하나씩 설명을 하면 패턴은 4개의 점 이상으로 패턴이 맞으면 화면을 열 수 있는 기능이고, PIN은 4자리 이상의 숫자, 비밀번호는 4자리 이상의 숫자 또는 문자, 지문은 등록된 지문으로, 홍채는 등록된 홍채로 화면을 열 수 있는 기능이야. 대부분 5회 이상 틀리게 되면 30초간 재시도를 못하게 하고, 더 틀릴 때마다 재시도 할 수 있는 시간을 늘려서 스마트폰의 보안을 강화시키는 방법을 쓰게 돼. 애플 스마트폰의 경우도 비밀번호와 지문 등으로 화면 열기에 보안을 강화하고 있어.

김미란 그럼 화면만 보호해도 스마트폰의 보안은 어느 정도 해결되는 것 아냐?

이철벽 물론 그렇다고 볼 수 있지만 몇 가지 문제가 있어. 패턴이나 PIN번호, 비밀번호 등을 설정해 놓았지만, 사용자들이 너무 간단하게 설정한다는 문제가 있어.

우선 패턴의 경우에는 4개 이상의 점을 연결하여 해제를 하는 방식인데, 이것도 보통 점 4개로만 연결하는 경우가 많아. 손을 떼지 않아야 하기 때문에 번호를 입력하는 방법보다 편리하기도 하지만, 보통 패턴을 외우기 번거롭기 때문에 ㄱ, ㄴ, ㄷ 등 단순한 패턴을 이용하는 경우가 아주 많지. 그리고 손의 기름 때문에 자국이 남는데, 그 자국을 보고 패턴을 풀어내는 경우도 봤어. 연구에 의하면 맨 왼쪽 상단 점에서 패턴의 44%가 시작하고 꼭지점에서 시작하는 경우가 77%에 이른다고 해.

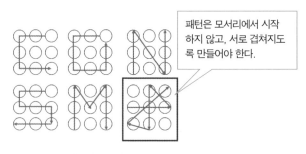

패턴은 모서리에서 시작하지 않고, 서로 겹쳐지도록 만들어야 한다.

✔ 그림 4-4 다양한 잠금화면 해제 패턴

(출처: http://www.bloter.net/archives/236809)

이철벽 또 PIN 번호의 경우에는 안드로이드와 iOS의 초기버전에서 주로 4자리를 사용했기 때문에 4자리로 설정한 경우가 많아. 일련번호, 즉 1234 같은 번호 4개, 생일, 집 전화번호, 스마트폰 번호 4자리 등이 대표적이지. 그래서 쉽게 풀리는 경향이 있어. 비밀번호도 비슷하겠지만 문자가 들어간다는 점에서 훨씬 보안성이 좋겠지?

마지막으로 요즘 사용하는 생체인식인데 시판된 기능은 지문과 홍채인식 정도야. 지문의 경우 일부 땀이 많은 사람들이 인식이 안 되는 불편이 있기는 하지만, 보안성이 대체로 좋아. 그러나 술에 취했거나 잠을 깊이 잘 경우 손가락을 갖다 대면 잠금 화면이 풀리기도 해. 영화처럼 술잔 같은 데서 지문을 채취한 뒤 본을 떠서 잠금 화면을 풀 수도 있고, 사진을 찍으면서 카메라 렌즈를 향해 손가락을 V자로 보여줄 때 지문을 채취할 수도 있어. 홍채도 생체인식으로는 안전한 방식이지만, 마찬가지로 사진을 이용해 복제될 수 있다고 하니 생체인식이라고 해서 마음 놓고 있을 수는 없을 것 같아.

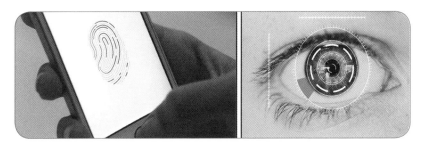

✔ 그림 4-5 지문인식과 홍채인식

왼쪽 그림 출처: http://navercast.naver.com/contents.nhn?rid=122&contents_id=46360
오른쪽 그림 출처: http://post.naver.com/viewer/postView.nhn?volumeNo=5852053

이 대리는 말을 많이 해서 그런지 목이 타서 맥주를 마신 뒤 한 잔 더 시켰다.

미란이는 자신의 스마트폰의 잠금화면을 열어 보았다. 이 대리가 볼까 봐 조심해서 열었지만 이 대리가 보게 되었다.

이철벽 어라. 패턴이 ㄴ자네? 미란이도 77% 안에 들어가겠네.

이 대리는 얼굴이 빨갛게 된 미란이를 놀려댔다.

김미란 그럼 어떻게 하면 스마트폰 보안이 좋아지게 되는데?

이철벽 그건 내가 좀 불편하게 느낄 정도로 좀 복잡한 패턴이나 PIN 번호를 설정하면 돼. 패턴의 경우에는 꼭지점에서 시작하지 않고 점 4개 이상으로 패턴을 만들고, 선을 많이 꼬이게 만드는 게 좋아. PIN이나 비밀번호의 경우에는 최소 4자 이상으로 설정하고 자신의 주민번호, 생일, 스마트폰 번호 등을 피해서 설정하면 될 것 같아. 가능하면 문자를 포함하면 훨씬 안전해질 거야.

생체인식의 경우에는 비교적 안전할 것 같기는 한데, 몇 가지 기술적인 문제가 있어. 패턴이나 비밀번호가 유출될 경우 변경할 수 있지만, 지문이나 홍채가 유출될 경우에는 못 쓰게 된다는 단점이 있어. 생체정보도 데이터라 어디엔가 파일이나 데이터베이스에 저장돼 있을 건데, 저장돼 있다면 언제든지 유출될 수 있거든. 그래서 지문이나 홍채도 언젠가 유출될 것이라고 전문가들이 예상하고 있어. 한 번 유출되면 영원히 못 쓰게 되는 거지.

김미란 와! 지문이나 홍채가 유출되면 생체정보를 바꿀 수가 없으니 영원히 못 쓰게 될 수 있겠다.

이철벽 우리나라 개인정보 유출 사례가 워낙 많아서 생체정보로 잠금해제하는 게 우려가 되긴 해. 그렇지만 우리는 또 다른 보안기술을 개발해 낼 테니까 지금 가진 기술을 최대한 활용해서 내 정보를 지켜야 해.

김미란 그럼 지문이나 홍채 말고 어떤 기술들이 더 있을까?

이철벽 생체정보기술은 비단 지문이나 홍채뿐만 아니라, 손등의 정맥 패턴, 글씨체, 걸음걸이, 스마트폰을 귀에 갖다 대는 것만으로도 잠금을 해제하는 기술이 개발되고 있어. 인간의 기술이라는 게 참 대단하지?

이 대리는 인간이 개발한 스마트폰과 각종 기술이 대단하다는 생각을 했다.

이철벽 우리가 사는 세상을 편리하게 만들어주는 엔지니어의 노력에 감사해야 해.

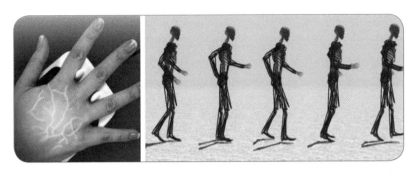

✓ 그림 4-6 정맥 인식과 걸음걸이 인식

왼쪽 그림 출처: http://info.keymong.co.kr/?p=652
오른쪽 그림 출처: http://www.zdnet.co.kr/news/news_view.asp?artice_id=20141215121102

이 대리는 갑자기 '나는 나의 삶이 살아있는, 혹은 죽은 사람의 노고에 의존하고 있다는 것을 되새긴다.'라는 아인슈타인의 말이 생각났다.

사과폰이 더 안전한 걸까?

미란이는 새로 산 사과폰을 들고 이 대리에게 자랑하고 있었다.

김미란 오빠, 이게 새로 산 사과표 스마트폰이야. 부럽지?

이철벽 전에 쓰던 스마트폰은 안드로이드였잖아. 그런데 왜 사과폰을 샀어?

김미란 이젠 사과폰 한 번 써보려고. 요즘엔 최신 사과폰을 들고 다녀야 폼이 나지.

이 대리는 미란이의 사과폰을 들고 이리 저리 살펴보았다. 부드러운 스마트폰 옆선이 아름다웠다. 스마트폰의 아름다움과 디자이너의 의도를 읽으려면 케이스를 씌우지 않고 써야하겠지만, 그러다가 떨어뜨리기라도 하면 몇십만 원이 날아가니 둔탁하더라도 케이스를 씌우고 쓰는 편이 낫겠다고 슬쩍 생각했다. 이 작은 스마트폰 하나만 있으면 시간 가는 줄도 모르고, 세상과 연결될 수 있다는 사실이 참으로 신기하기만 했다.

이철벽 멋있기는 하네.

이 대리는 자신의 2년된 은하수폰과 최신 사과폰을 비교하니 시대에 뒤떨어진 것처럼 느껴졌다.

김미란 오빠, 사과폰을 살까 은하수폰을 살까 고민했었는데, 사과폰을 써본적이 없어서 한 번 써보려고 샀어. 그런데 스마트폰 판매하시는 분이 사과폰이 보안상 더 좋다는 얘기를 하던데 그게 맞아?

이 대리는 느닷없는 미란이의 얘기에 갑자기 머리가 멍해졌다.

이철벽 '헉, 잘 모르는데 어떡하지?', 으음, 글쎄… 그 아저씨가 그렇게 얘기 했으면 그게 맞겠지 뭐. 나 잠깐 화장실 좀 다녀올게. 갑자기 배가 아프네.

이 대리는 화장실에 가는 척하면서 급히 검색하기 시작했다. 'iOS와 안드로이드 보 안'을 입력하니 몇 가지 문서가 검색됐다. 그 중 몇 가지 포인트를 머리에 넣었다.

이철벽 음, 이래서 사과폰 보안이 안드로이드보다 좋다고 그러는구나. 역시 알고 봐야해.

미란이는 이 대리가 검색을 위해 자리를 아니, 급하게 배가 아파 화장실에 간 사이 창가를 바라보면서 커피를 마시고 있었다.

이철벽 미란아, 아까 뭐라고 했었지? 화장실이 급해서 잘 못 들었네.

김미란 응. 스마트폰 매장 아저씨가 사과폰이 은하수폰보다 보안이 뛰어나 다고 했어. 그게 맞나 싶어서. 오빠가 요즘 보안 공부 많이 했잖아.

이철벽 음… 결론적으로 얘기하면 사과폰이 은하수폰보다 보안측면에서 조 금 낫다고 볼 수 있어. 몇 가지 이유가 있는데 첫째, 순정폰일 경우 사과폰은 오로지 앱스토어에서만 앱을 내려받을 수 있지만, 안드로이드에서는 apk 형 태로 배포되는 앱을 설치할 수 있어. 그리고 사과폰의 경우 앱스토어에 올라 온 앱을 전수검사해서 문제가 있어 보이면 앱스토어에 올리지 않기 때문에 상대적으로 보안이 안드로이드보다 낫다고 볼 수 있어.

둘째, 안드로이드의 경우 강력한 멀티태스킹(다중작업)이 가능해서 여러 가 지 작업을 동시에 수행할 수 있어 편리하긴 하지만, 바이러스 역시 실행되기 쉬워. 사과폰의 경우에는 음악플레이어 이외에는 멀티태스킹을 운영체계 차 원에서 차단해 놓았기 때문에 동시에 여러 프로그램이 실행되기 쉽지 않아.

즉 바이러스가 실행되기 힘들다는 거지.

셋째, 구글이나 사과사나 기술력이 비슷할 거라고 보면, 비슷한 수의 보안취약점이 있을 거야. 그런데 사과사는 OS폰을 모두 만들고, 몇 개 안 되는 기종을 관리하기 때문에 문제가 발견되면 보안취약점을 보완하는 조치(패치)를 취하고 있어. 마찬가지로 구글에서도 문제점에 대한 패치를 실시하고는 있지만, 다양한 스마트폰 제조사들이 구글의 운영체계를 받아서 자사 스마트폰에 최적화하면서 운영체계를 바꾸기 때문에 구글에서 패치를 했다고 해서 바로 적용하기가 힘들지. 또한 제조사에서는 최신 스마트폰 위주로 패치를 하고 있기 때문에 조금 지난 스마트폰은 보안패치가 늦거나 아예 지원하지 않는 경우도 있어. 그렇지만 사과폰도 완벽하지는 않아서 문자메시지에 포함된 링크를 클릭하는 것만으로 사과폰을 탈옥시킬 수 있는 취약점도 있었어.

✔ 그림 4-7 안드로이드 대 iOS

실제로 2014년 애플의 iOS와 구글의 안드로이드를 비교해보면 표 4-2 같은 보안상 차이점이 있다.

구분	애플 iOS	구글 안드로이드
2014년 보안 취약점	140개	19개
2014년 모바일 악성코드	3개	45개
정책	폐쇄	개방
앱 배포	공식 앱스토어에서만 가능	공식 구글플레이 외 다른 마켓도 가능
앱 개발	동적 라이브러리 사용 제한	제한 없음
보안 업데이트	애플 한 곳이 관리해 취약점 나오면 신속한 업데이트	구글이 신속히 패치를 내놔도 제조 사별로 재개발 최적화 시간 소요

✔ 표 4-2 구글의 안드로이드와 애플의 iOS의 비교

(출처: 전자신문 – http://www.etnews.com/20150818000085)

이철벽 이런 이유로 사과폰이 은하수폰보다 보안이 뛰어나다고 볼 수 있어.

김미란 그렇구나, 그런 차이점이 있었네. 그런데 사과사는 왜 자기 마음대로 정책을 만들고, 자기들 마음대로 하려는 거야?

이철벽 그야 모르지. 사과사 창업자는 '소비자는 자신이 원하는 것조차 모르니 사과사가 잘 만들어서 그렇게 쓰도록 해야 한다'고 주장했었어.

김미란 조금 억지 아닌가 싶기도 한데, 우리가 뭘 원하는지도 모른다니 무시당하는 것 같기도 하고 말야.

이철벽 나도 그렇게 생각해. 사람들의 생각이 다양하듯 기업의 생각도 다양

할 수 있고, 그 회사 정책이 마음에 안 들면, 해당 회사 제품을 쓰지 않으면
되지 뭐.

김미란 근데 오빠. 갑자기 사과사의 보안에 대해 너무 잘 아는 것 같아. 혹시
화장실에서 검색하고 온 건 아냐?

이철벽 에이, 무슨 소리를 하는 거야?

이 대리는 미란이의 말을 끊고 창 밖을 보면서 얘기한다.

이철벽 밖에 멋진 아가씨가 지나가네.

김미란 으이그, 오빠 그럴 거야?

미란이가 이 대리의 능청스러운 모습에 눈을 흘겼다.

주소 변경 문자의 비밀

김미란 오빠, 내가 오빠한테 주려고 선물하나 사서 택배로 보냈어. 사랑해!

이 대리는 미란이가 보낸 메시지를 받고 가슴이 쿵 내려앉는 듯했다. 심장이 마치 진자 운동을 하듯이 쿵쾅쿵쾅 뛰었다. 이 대리는 음료수를 한 잔 받아서 옥상으로 올라갔다. 잠시 하늘을 바라보며 미란이에게 전화를 걸어 달콤한 말을 나눴다.

이철벽 아, 이런 게 행복이지.

이 대리는 여느 때와 마찬가지로 바쁜 오후 시간을 보내고 있었다.

김미란 오빠, 어제 주문한 선물이 출발했다고 문자가 왔어. 받으면 연락줘.

이 대리는 어제의 감동이 다시 밀려왔지만, 간단히 답만 보내고 다시 업무에 집중했다.

김미란 오빠, 이상한 문자가 와서 처리하긴 했는데, 오빠네 주소가 없다네?

이 대리는 갑자기 이상한 느낌이 들었다. 예전 박 과장에게 들은 스미싱 같은 것은 아닐까 의심이 들었다.

이철벽 무슨 문자가 왔는데?

김미란 응, 어제 구입한 물건 배송 문자가 오고 난 뒤에 조금 있다가 주소가 없다면서 새로 입력하라고 했어.

이철벽 정말 이상하네. 그 문자 캡처해서 좀 보내줄래?

김미란 알았어, 잠깐만 기다려.

미란이는 스마트폰에서 문자를 열어 캡처한 뒤 톡으로 보내줬다.

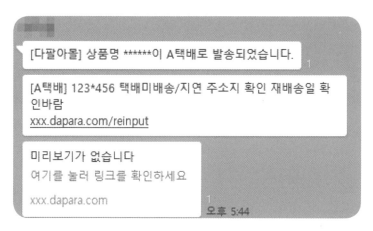

[다팔아몰] 상품명 ******이 A택배로 발송되었습니다.

[A택배] 123*456 택배미배송/지연 주소지 확인 재배송일 확인바람
xxx.dapara.com/reinput

미리보기가 없습니다
여기를 눌러 링크를 확인하세요
xxx.dapara.com

오후 5:44

✔ 그림 4-8 주소변경요청 문자

이철벽 혹시 미란아. 아래의 URL 클릭해서 무슨 일을 했어?

김미란 응. 택배가 미배송된다고 해서 클릭한 다음에 프로그램 설치하고, 오빠네 주소 다시 넣었어. 내가 잘 처리한 거 맞지?

이철벽 스미싱에 걸린 거 같아.

김미란 스미싱이 뭐야?

이철벽 일단 스마트폰의 문자를 열어봐. 거기서 이상한 문자가 있는지 좀 확인해 줄래?

김미란 오빠, 이상하게 본인확인 인증번호가 많이 와 있어.

이철벽 미란아, 네 스마트폰이 악성코드에 감염된 것 같아. 우선 스마트폰을 끄고 통신사 고객센터에 전화해서 소액결제를 막아달라고 해. 지금 당장 만나야 할 것 같다.

이 대리는 마 부장에게 자초지종을 설명하고 반차를 냈다.

마관리 이 대리, 뭐 그런 일로 반차를 내나?

그러면서도 마 부장은 이 대리가 반차 대신 잠시 외출하게 해 주었다.

잠시 뒤, 이 대리는 미란이 회사 지하의 커피숍에서 만났다. 미란이의 스마트폰을 건네받은 이 대리는 전원을 켜서 가장 최근에 설치된 앱을 삭제했다. 그리고 모바일용 백신을 이용해 스마트폰 전체 점검을 실시했다.

이철벽 우선은 오늘 설치한 바이러스는 지웠고, 백신을 이용해서 보안 점검을 하고 있어.

김미란 번거롭게 해서 미안해. 내가 설치한 프로그램이 무슨 일을 한 거야?

이철벽 악성코드가 스마트폰에 설치되자마자 모든 알람 기능을 꺼 버렸어. 그 뒤에 본인확인이 필요한 여러 거래를 하기 시작했지. 스마트폰으로 본인확인용 6자리 숫자가 담긴 문자가 계속 왔지만 알람 기능이 꺼져 있으니 알 수가 없었지. 다행히 이상한 점을 느끼고 나한테 얘기해 주어서 고객센터 등에 빠른 대응을 하게 돼 피해가 없었던 것 같아.

이 대리는 자신의 스마트폰을 꺼내서 검색을 시작했다. 잠시 뒤 여러 가지 스미싱 문자들이 화면에 나타났다.

이철벽 이것 좀 봐봐. 클릭하기를 유도하는 문자나 새 창들이 나타나고 있지?

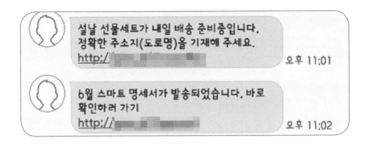

✓ 그림 4-9 스미싱 문자 사례

✓ 그림 4-10 설치유도 새 창의 사례

이철벽 이런 문자나 새 창을 클릭하게 되면 해커들이 원하는 행동을 하도록 다수의 권한을 보유한 프로그램이 스마트폰에 설치가 돼. 이 그림을 보면 문자메시지에 대한 권한을 다수 보유한 악성프로그램이 설치가 되는 거지. 그 뒤에 문자메시지를 공격자에게 전송해서 소기의 목적을 달성할 수 있도록 하는 거야.

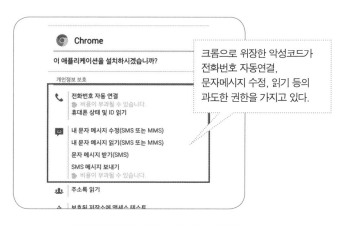

✔ 그림 4-11 과도하게 설정된 권한을 가진 프로그램 사례

이철벽 또 시국 사건이 터질 때마다 아니면, 시기별로 보낼 만한 문자를 보내서 클릭하도록 유도해. 미란이는 상관이 없겠지만 봄, 가을에 예비군, 민방위 문자, 명절에 선물 보냈다는 문자, 경품을 준다고 유혹하는 문자, 연말정산에는 세금 환급 문의 등 일상생활을 하는 사람들에게 클릭을 유도하는 방법은 수없이 많고, 항상 새롭게 진보하고 있어. 그래서 문자에 포함된 URL은 클릭해선 안 돼. 더군다나 프로그램을 설치하라고 하면 절대로 설치하면 안 돼.

김미란 알았어.

이철벽 그리고 스미싱 문자를 통해 악성프로그램이 설치되면, 스마트폰의 모든 정보가 해커에게 전달된다고 봐야하고, 스마트폰의 모든 기능을 해커 마음대로 쓸 수 있다고 봐도 돼. 예를 들면 지금 누구와 통화하는지 전화통화 내용을 모두 들을 수 있고, 문자 내용도 알 수 있어. 그리고 실시간 이동하는 위치정보까지 전달돼. 또한 스마트폰의 마이크를 통해 주변의 말소리도 들을 수 있어. 스마트폰은 PC보다 개인정보를 많이 갖고 있기 때문에 더욱 주의를 기울여야 해.

김미란 응. 이번 기회에 정확히 알았어. 프로그램 설치할 때는 꼭 주의할게. 그리고 오늘 도와줘서 고마워.

이철벽 아냐, 내 선물 사주려다가 이런 일을 당해서 미안해. 그런데 스마트폰은 초기화해야 할 것 같아. 데이터 백업하고 초기화하자. 일단 급한 불을 껐으니 사무실 들어갔다가 퇴근하고 다시 보자.

김미란 알았어. 좀 이따가 봐.

✅ 셀프 보안을 위한 팁!

1. 문자에 첨부된 URL은 클릭하지 않는다. 더욱이 해당 URL이 프로그램 설치를 유도한다면 절대로 실행하면 안 된다.

2. 안드로이드 스마트폰 사용자라면 '보안' 항목에서 '출처를 알 수 없는 앱' 체크박스의 V표를 해제해 출처를 알 수 없는 앱을 설치하지 않도록 해야 한다.

3. 스마트폰의 소액결제를 자주 사용하지 않는다면 한도를 0원이나 최소한으로 만든다.

✅ 참고

http://www.medicurity.com/12	출처를 알 수 없는 앱 설치하지 않는 법

1. 사이버 공격은 대부분 사용자가 알아 채지 못하게 기획된다. 사용자가 볼 때 아무런 이상이 없도록 애쓴다. 그러나 완벽할 수는 없어서 평소와 다르게 웹사이트가 어딘가 모양이 다르거나, 동작 상태가 이상해 보이면 의심해 보는 것이 좋다.
2. 설치한 기억이 없는 앱이 갑자기 생겼다면 의심해 봐야 한다.
3. 배터리가 평소보다 빨리 닳거나, 평소보다 발열이 심하다면 의심해봐야 한다.
4. 의심스러운 메일은 열지 않는다.
5. 일반적인 메일이라고 해도, 확실한 경우가 아니면 첨부파일을 열지 않는다.
6. 안드로이드 스마트폰 사용자라면 '보안' 항목에서 '출처를 알 수 없는 앱' 체크 박스의 V표를 해제해야 한다(출처를 알 수 없는 앱은 설치하지 않아야 한다).
7. 스마트폰의 소액결제를 자주 사용하지 않는다면 한도를 0원으로 만든다.

✓ 표 4-3 스마트폰이 악성코드에 감염됐는지 점검하는 방법

포켓몬 고 고!

스미싱 사건때문에 미안했던 미란이는 이 대리에게 저녁을 사기로 했다. 보통 커피 숍 같은 곳에서 만났는데, 이번엔 미란이가 밖에서 보자고 해서 의아했다. 이 대리 는 멀리 미란이가 보이자 마음이 설레었다.

이철벽 저기 미란이가 있네.

그런데 다시 보니 미란이의 행동이 이상했다. 이리 저리 방향을 틀고 걸어 다니기도 하면서 스마트폰을 계속 보는 것이었다.

이철벽 어! 조심해야지. 저러다가 다른 사람이랑 부딪치겠다.

이 대리가 가까이 가는 것도 모르고 미란이는 계속 스마트폰을 주시하고 있었다. 몰 래 뒤쪽으로 돌아가서 미란이가 뭘 하고 있는지 보니, 요즘 유행하는 '포켓몬 고'를 하고 있었다. 가상의 동물을 잡아 트레이닝시키는 게임 말이다.

이철벽 미란아, 나 왔어.

김미란 어, 왔어.

이 대리에게 인사를 하는 둥 마는 둥 하면서 계속 화면에만 집중하면서 게임을 하 고 있다.

이철벽 어, 게임만 하고 너무하네.

미란이는 그제서야 스마트폰에서 눈을 떼고 이 대리의 팔짱을 끼었다.

김미란 오늘은 뭘 먹으러 갈까? 날씨도 더운데 어디 시원한 거 먹으러 갈까?

이철벽 그러자. 근데 포켓몬 고가 그렇게 재미있어?

살짝 마음 상한 이 대리가 미란이에게 물었다.

김미란 뭐 그런 건 아니지만, 실제 내가 있는 위치와 함께 포켓몬을 잡을 때 배경화면도 실제 위치의 화면을 사용하게 되니 내가 가상의 세계 속에 들어 있는 것 같고, 만화의 주인공이 된 것 같은 기분도 들어.

이철벽 실제 증강현실을 이용한 게임이 처음이니 새롭기는 할 거야.

김미란 증강현실?

이철벽 증강현실은 현실의 이미지나 배경에 정보를 겹쳐서 하나의 영상을 보여주는 기술인데, 현실 이미지에 대한 정보나 상세 정보 등을 표시해 줘 쉽게 이해할 수 있어. 포켓몬 고는 증강현실을 이용해서 대중화된 최초의 게임일 거야.

✓ 그림 4-12 증강현실이 적용된 포켓몬 고

김미란 증강현실이 그런 거였구나. 내가 워낙 호기심이 많고, 새로운 것을 좋아하잖아.

이철벽 그런데 포켓몬 고 때문에 요즘에 사건, 사고가 많이 난다고 하더라고.

김미란 그래? 어떤 사고?

이철벽 게임에 열중한 나머지 다른 사람과 부딪치거나, 어이없게도 포켓몬의 알을 부화시키기 위해 운전을 하면서 게임을 하는 바람에 사람을 치는 경우도 발생했어.

김미란 맞아. 나도 게임에 열중하다 보니 다른 사람과 부딪치기도 했어. 위험하다고는 생각했는데, 실제로 교통사고가 날 줄이야.

✔ 그림 4-13 포켓몬 고 게임 이용자 유의사항(출처: 고양시)

이철벽 실제로 게임을 하면서 운전을 하면 음주운전보다 더 위험하다는 조사결과가 있어. 그런데 미란아. 게임에서 어떻게 현재 위치를 인식하는지는 알지?

김미란 내가 설마 모를까봐? GPS 기술을 이용해서 내 위치를 인식하는 거잖아.

이철벽 맞아. 포켓몬 고를 할 때 현재의 위치를 알기 위해 GPS를 이용하는데, 이용자의 위치정보 유출이 발생할 수 있고, 사람들이 잘 다니지 않는 곳에 포켓스탑이 있다면 아이들이 납치될 수도 있다는 우려도 제기되고 있어.

김미란 에이 설마.

이철벽 설마가 아니야. 실제 미국 미주리 주에서는 포켓스탑에서 강도들이 기다리고 있다가, 그곳에 찾아온 사람들에게 강도행각을 벌인 일이 있었어.

김미란 정말? 무섭다.

이철벽 제작사는 게임이 실행 중일 때 사용자의 위치를 알고 있어서 실시간으로 추적이 가능하지 않겠어? 그런데 제작사는 이용자의 정보를 업무처리를 위해 제3자와 공유할 수 있는 정책을 갖고 있고, 회사의 연구분석, 인구통계적 프로파일링을 위해 제3자와 공유가 가능하고, 회사의 인수, 합병 시에 내 정보는 기업의 자산으로 간주돼 팔 수도 있는 거야.

김미란 정말? 게임 약관에 그렇게 되어 있어? 그런데 게임회사에서 내 정보를 이용해서 무슨 이득을 볼 수 있어?

이철벽 그러게 항상 약관을 잘 읽어 봐야지. 고객의 위치정보를 필요로 하는 사람들은 의외로 많아. 예를 들어 내 주변에 내가 이용할 만한 가게가 있다면 그곳을 포켓스탑 같은 것으로 만들어서 광고할 수도 있고, 평소 내 취향을 분석해 놓았다가 내가 있는 위치 근처의 가게를 지날 때 광고를 보내줄 수 있지. 분석된 정보를 통해 광고를 하면 구매로 연결될 가능성이 높으니 가치가 높지.

✓ 그림 4-14 포켓몬 고 약관

이런 얘기를 하면서 술집에 도착했다. 더운 날이라 시원한 맥주에 꼬치 안주를 시켰다.

이철벽 요즘 포켓몬 고를 하면서 GPS를 변조해서 게임을 손쉽게 한다면서?

김미란 뭐, 그런 방법이 있어?

이철벽 센서를 통해 받는 위치를 변조해주는 방법은 얼마든지 존재할 수 있지만, 게임을 그렇게 하면 재미있을까 싶기는 해. 그리고 포켓몬 고를 하면 운동효과가 있다는데?

이 대리가 맥주를 마시기 위해 맥주잔을 들었다. 순간 건너편에 앉은 미란이가 째려 보고 있었다.

김미란 음, 지금 나더러 운동부족이라는 거야?

이철벽 그게 아니라 포켓몬 고 열심히 하면 운동효과가 좋으니, 이 기회에 열심히 해보면 어떤가 한 거지.

SNS, 나를 중계하다

미란이와의 데이트. 저녁을 간단하게 먹고 영화를 본 뒤, 커피숍으로 향했다.

주문한 커피가 나오자 미란이는 커피를 마시지 않고, 사진을 잘 찍을 수 있도록 세팅하기 시작했다.

✔ 그림 4-15 라떼 아트 사진을 올린 SNS

이철벽 커피를 마셔야지, 왜 사진을 찍어?

미란이가 갑자기 정색하며 이 대리를 쳐다보았다.

김미란 오빠는 SNS 안 해? 내가 SNS하는 것도 모르지? 나한테 관심이 있는 거야 없는 거야?

갑작스런 미란이의 말에 이 대리는 당황했다.

이철벽 그런 게 아니라 SNS가 좋은 점도 많지만 나쁜 점도 많고, 프라이버시나 보안적으로도 주의해야 할 점들이 있어서 가급적 안 하고 있는 거지.

김미란 내가 뭘 묻는지 모르지? SNS에 대해 묻는 게 아니라, 내 SNS에 관심이 없다는 얘기를 하는 거잖아!

이 대리는 갑자기 개그콘서트의 한 코너가 생각났다. 이래도 문제, 저래도 문제, 그래서 화성에서 온 남자랑 금성에서 온 여자는 같이 만나면 안 되는 건가? 이 대리의 머릿속이 이런저런 생각으로 복잡해졌다.

이철벽 '아! 정신 바짝 차려야 하는데.'

김미란 내 SNS에 들어온 적 있어 없어?

이철벽 에이, 그래도 몇 번은 들어갔지.

김미란 그런데 내 SNS에 '좋아요'는 왜 안 눌러? 오빠가 나한테 관심이 없으니까 그러는 거 아냐?

이철벽 아니야. 아까도 얘기했지만 내가 SNS에 크게 관심이 없다 보니 미란이가 SNS 하는 거에 신경을 못 썼네. 앞으로는 신경 쓸게.

이 대리의 말에 미란이의 기세가 조금 누그러졌다.

김미란 알았어. 지금 커피 사진 SNS에 올릴 테니까, 내 SNS에 들어와서 '좋아요' 눌러줘.

이철벽 어, 알았어.

이 대리는 마지 못해 대답했다. 일단 미란이의 폭풍 같은 잔소리를 피하기 위해서는 미란이의 SNS에 들어가서 '좋아요'를 눌러야 했다.

김미란 그나저나 아까 오빠가 말했던 SNS에서 주의해야 할 게 뭐야?

이철벽 미란아, 우선 SNS 대부분은 누구나 볼 수 있는 건 알고 있지?

김미란 그럼, 당연히 알지.

이철벽 SNS에 올라온 정보를 모으면 그 개인의 삶을 대충 볼 수 있어. 예를 들면 보통 생일 때 생일파티 하는 장면을 찍어서 SNS에 올리면 그 사람의 생일을 알 수 있게 되지. 그 밑의 댓글에 '27번째 생일을 축하해'라는 글이 달렸다면, '1990년 오늘 태어났겠구나'라는 정보를 알 수 있게 되는 거지. 그렇게 된다면 주민번호 앞 자리와 SNS에서 사진을 보면 남자인지 여자인지 구별이 될 테니 주민등록번호 중 총 7자리를 추정할 수 있게 되는 거야.

김미란 그럴 수도 있겠네.

이철벽 그리고 현재의 내 상태에 대해 올리는 것도 조심해야해. 예를 들면 '나 외로워', '아, 심심해라', '애인과 헤어졌어' 등의 내용을 올리게 되면, 이 사람의 심리상태를 알 수 있기 때문에 스토커의 표적이 될 수도 있어. 스토커들이 내 상태를 알고 접근한다고 생각하면 섬뜩하지 않아?

김미란 '며칠 전에 오빠와 싸우고 나서 애인과 싸웠다고 SNS에 올렸는데, 앞으론 올리지 말아야겠다. 으음.'

이철벽 또 불특정 다수에게 나의 계획, 예를 들면 '가족과 함께 여행 갈 예정이다'라는 계획을 올리게 된다면, 도둑들에게는 '아, 저 집은 빈집이겠네'라는 신호를 주게 되는 셈이야. 그리고 호주에서는 귀중품 사진을 올린 뒤 집으로 강도가 든 사례가 있었어.

김미란 에이, 도둑들이 집을 어떻게 알아?

이철벽 친구들은 모두 선의를 가졌다고 생각할 수 있을까? 친구들 중에 집을 아는 사람이 있을 수도 있고, SNS를 즐기는 사람들이 남기는 정보를 취합하면 집을 유추할 수 있다고 해. '집 근처 산책 중'이라고 올린 사진의 메타정보에 위치정보가 남으니, 집 앞에서 찍은 사진 한두 장만 있어도 대충의 위치는 알 수 있겠지. 나머지도 조금만 관심을 가지면 찾을 수 있어.

김미란 어, 조금씩 심각해지는데?

이철벽 그리고 '부모님이 집에 안 계세요'라는 얘기를 올리는 경우도 있는데, 이것도 위험한 일이야. '집에 나 혼자 있어요'라는 신호를 주는 셈이잖아. 그리고 가족들에 대한 신상 얘기도 안 하는 게 좋아. 특히 아이들의 이름은 더욱 위험해. 아이들의 이름, 성별, 나이 등을 알게 되면, 다른 사람들이 내 아이의 신상도 알게 되는 거야. 아이들은 이름을 불러주면서 친하게 대하면, 아는 사람으로 인지하는 거 알지? 이름을 부르면서 '아빠 친구다', '엄마 친구다' 이러면서 '엄마가 널 데리러 오라고 했어'라고 하면, 아이들은 믿지 않겠어? 엄마, 아빠 이름도 알고, 아이 이름도 알고, 아이가 뭘 좋아하는지도 안다면 아이가 유혹당할 가능성이 높지. 해커들이 해킹 대상을 물색하고, 정보를 수집하듯이 범죄자들이 SNS에서 대상을 물색하고 조사를 하는 거야. 최대한의 정보를 가지고 접근한다면 성공할 확률이 높지 않을까?

김미란 오빠 말이 맞네. 저번에 내 위치정보 때문에 한 번 얘기한 적이 있었는데, 그땐 얘기를 귀담아 안 들었었는데, 앞으로는 SNS에 글 올릴 때 주의해야겠네.

이철벽 아! 마지막으로, 요즘 기업들이 면접 대상의 SNS를 조사를 해서 그 사람의 됨됨이를 파악한다고 해. 우리나라에서도 SNS를 인사담당자가 참고하고 있으니, SNS에 자기 생활을 모두 올리는 것은 치명적일 수 있어. SNS에서는 조금 과장하려는 경향도 있고, 사실을 부풀리는 경향이 있으니 정말 조심해야 돼.

SNS는 인맥 확대와 관계 형성 기회를 제공하며, 지식 습득과 정보수집의 기회를 제공한다. 그리고 SNS의 빠른 확산과 강한 영향력으로 여론을 형성할 수 있는 장점이 있다. 그러나 개인정보의 노출과 노출된 개인정보의 악용 사례와 불분명한 정보가 확산될 가능성이 있다. '카더라 통신' 같이 가짜 뉴스의 원천이 될 가능성을 배제할 수 없다.

✓ 표 4-4 SNS의 장단점과 문제점

정보는 구름 속으로

이 대리는 모니터 너머로 미국 유명 여배우의 유출된 개인 사진을 물끄러미 바라보고 있었다.

이철벽 와, 정말 몸매 예쁘네.

마침 지나가던 자유가 그 모습을 보며,

권자유 아니 근무시간에 그런 사진을 봐도 되는 거에요? 이거 성추행인 거 아시죠?

이철벽 앗, 깜짝이야. 자유씨 오해하지 마세요. 마 부장님이 클라우드 보안에 대해 알아보라고 하셔서, 클라우드 누출에 대한 자료조사를 하다가 최근에 아이클라우드에서 해킹됐다는 사진을 보고 있었던 거에요. 절대 오해하면 안 돼요!

권자유 그래도 꼭 그런 사진을 사례로 들어야 하나요? 하여간 남자들이란.

같은 팀에서 일하는 자유씨가 모니터를 힐끗 쳐다보고 '성추행'이라고 얘기해서 이 대리는 가슴을 쓸어 내렸다. 이 대리는 박 과장이 보안 필름을 설명할 때 구입하지 못한 것을 후회했다.

이철벽 에잇! 보안 필름을 당장 사야지. 어쨌든 요즘 정말 조심해야 돼. 십년 감수했네. 모니터에서 유출되는 정보가 정말 많다고 하더니, 이런 것도 내 프라이버시가 유출됐다고 봐야 하는 거지?

이 대리가 아이클라우드 해킹에 대해 살펴본 바로는 아이클라우드 자체가 뚫렸다기보다는 비밀번호 찾기의 허점을 통해 아이디와 패스워드가 탈취됐다고 보는 편이 맞았다.

아이클라우드 해킹과정을 정리해보면,

1. 트위터와 아이클라우드 계정이 같은 사람을 노렸다(트위터 뿐만 아니라 메일을 아이디로 쓰는 사이트를 노렸음).

2. 비밀번호를 임시로 발급하기 위해 누구나 쓸 만한 쇼핑몰을 이용해 카드 청구 주소나 카드 뒤의 보안 번호를 알아내려 시도했다.

3. 이렇게 카드 청구 주소와 카드 뒤의 보안 번호를 통해 아이클라우드의 임시 비밀번호를 발급받았다.

이철벽 그런데 클라우드 보안의 문제점이 이것 밖에 없을까?

이 대리는 자료를 검색하기 시작했다. 곧 CSA Cloud Security Alliance 라는 조직에서 나온 클라우드의 핵심 위협이 검색되었다.

1. 데이터 유출 가능성

2. 데이터 유실 가능성

3. 계정 및 서비스에 대한 하이재킹

4. 안전하지 않은 인터페이스 프로그램

5. 서비스 거부 공격 가능성

6. 내부자 공격

7. 클라우드 서비스 남용

8. 클라우드 적용에 대한 충분하지 않은 노력

9. 기술적 취약점 공유 상황

이철벽 음, 클라우드에 올라온 데이터가 유출될 가능성도 있고, 유실될 가능성도 있구나. 또 악의적인 의도를 가진 내부자에 의해 데이터가 유출될 가능성도 있겠네. 그리고 다양한 기기에서 동기화가 가능한 클라우드 서비스는 아이디와 패스워드만 알면 사용자가 올리는 데이터를 실시간으로 받아볼 수도 있겠구나.

이 대리는 대부분의 개인정보 유출이 내부자의 악의적인 행위에 의해 일어났음을 떠올렸다. 중요한 파일을 클라우드에 올려놓았을 때, 최악의 경우 다른 사람이 볼 수 있다는 사실을 생각해야 되겠다는 생각을 했다.

이 대리는 다른 기사에서 클라우드 서비스를 시행하던 회사에서 사고가 발생해 데이터가 유실된 사례가 있다는 내용을 확인했다.

이철벽 클라우드에 올린 데이터가 없어질 가능성도 있는 거네

이 대리는 네트워크에 연결된 클라우드 서비스의 강력하고 편리함을 이해했다. 그러나 클라우드 서비스를 제대로 관리하지 않거나 파일을 올려놓고 방치하게 된다면, 정보가 유출되거나 악용될 가능성이 있다는 사실을 확인했다.

홍고독 뭘 그렇게 열심히 정리하고 있어?

전산실에 와서 마 부장과 얘기하고 자기 사무실로 돌아가던 홍 대리가 물어봤다.

이철벽 응. 요즘 클라우드에 올린 데이터가 해킹된 사례가 있다고 해서 정리하는 중이었어.

홍고독 클라우드 서비스? 나는 클라우드에 올린 데이터는 내 데이터가 아니라고 생각해.

이철벽 왜?

홍고독 우선 아무리 클라우드라고 해도 어디엔가 존재하는 서버에 저장될

테고, 서버를 담당하는 누군가는 관리할 거 아니겠어? 그럼 그 관리자가 마음만 먹으면 언제든지 볼 수 있는 거 아닌가?

이철벽 그렇게 생각해 보니 그러네. 관리자의 선한 심성을 믿어야 하는 거네.

홍고독 난 그래서 클라우드에 누구나 봐도 되는 데이터만 업로드해서 사용하고 있어.

이철벽 그래, 네 말도 맞다.

이 대리는 지금까지 모은 자료를 기반으로 해서 마 부장에게 제출할 간략한 보고서를 작성했다.

이철벽 부장님, 말씀하신 클라우드 보안에 대한 자료를 갖고 왔습니다.

마 부장은 이 대리가 작성한 보고서를 쭉 살펴보고는 희미한 미소를 지었다.

마관리 열심히 준비했네.

이철벽 네.

마관리 이 대리, 박 과장이 프로젝트 때문에 자리를 비워서 많이 힘들었지? 이제 8월이 되면 박 과장이 복귀하긴 할 건데, 8월 초에 사내 보안교육을 맡기기엔 준비할 시간이 모자랄 것 같군. 혹시 이 대리가 해보면 어떤가?

이 대리는 박 과장이 슬쩍 던지는 소리를 들었지만, 그런 기회가 자신에게 올 거라고는 생각하지 못했다.

이철벽 생각을 좀 해보겠습니다.

마관리 조만간 생각해서 알려주게.

이철벽 알겠습니다.

이 대리는 자기 자리로 돌아와 곰곰이 생각에 잠겼다.

이철벽 음, 사내 강사라. 좋은 기회인데 한 번 해볼까?

✅ 셀프 보안을 위한 팁!

1. 클라우드 서비스는 굉장히 편리하지만 아이디와 패스워드만 알면 누구나 데이터에 접근할 수 있으므로, 민감한 데이터는 파일에 암호를 걸어서 올려 놓는 것이 안전하다. 만약 클라우드에서 OTP나 다른 인증 방법을 제공한다면 적극 사용하는 것이 좋다.

2. 클라우드에 올린 데이터도 유실의 위험성이 있으므로, 항상 백업해 놓는 것이 바람직하다.

3. 데이터 생성 시 자동 업로드되는 기능은 내가 의도하지 않은 데이터가 클라우드로 전송되므로 반드시 필요할 경우에만 사용한다.

4. 클라우드의 공유 기능을 이용해 파일을 공유할 때는 최소한의 인증을 거쳐서 공유하도록 해야 한다.

5. 모니터를 통해 유출되는 정보는 생각보다 많다. 기밀이 요구되는 작업을 하거나 개인 프라이버시 보호가 필요할 때는 보안 필름을 사서 설치하면 크게 도움이 된다.

잘 가라! 내 스마트폰

김미란 오빠, 오늘 나 뭐 바뀐 거 없어?

이철벽 '이런 물음에 잘못 대답했다가는 오늘 데이트는 끝이다.'

이 대리는 미란이의 어디가 바뀌었는지 곰곰이 살펴봤지만, 정확히 어디인지 모르겠다. 도대체 여자들의 이런 질문은 너무 어렵다.

김미란 뭐야, 모르겠어? 나한테 관심이 있는 거야 없는 거야?

이철벽 '아! 울고 싶다.'

이 대리는 아무리 살펴봐도 알지 못하겠다.

이철벽 미안, 내가 안목이 없나 봐.

미란이는 눈을 흘기면서 이 대리의 팔을 꼬집었다.

이철벽 아앗! 왜 꼬집고 그래?

김미란 자. 이것 좀 봐.

미란이는 이 대리에게 최신형 은하수폰을 내밀었다.

이철벽 어, 이거 뭐야. 스마트폰 또 바꿨어? 멋지긴 한데 언제 바꿨어?

김미란 내가 사과폰을 쓸려고 했는데, 이제까지 안드로이드폰을 쓰다 보니 익숙하지가 않더라고. 이번에 좋은 기회가 있어서 바꿨어. 좋겠지?

이 대리는 미란이가 바꾼 최신 은하수폰을 이리 저리 살펴보았다. 매끈한 바디에 투명한 화면, 홍채인식과 지문인식이 가능한 최신 스마트폰이었다.

이철벽 좋겠다. 참, 그런데 그전 사과폰은 어떻게 하려고? 사용한 지 몇 개월 안 되서 거의 새 거잖아? 버리긴 아까울 것 같은데?

김미란 에이 오빠도, 그걸 왜 버려? 요즘은 스마트폰을 사주는 데가 얼마나 많은데, 인터넷 찾아봐서 가장 조건 좋은 데다가 팔려고 해.

이철벽 그래? 그럼 스마트폰 정보는 어떻게 지우려고?

김미란 그냥 스마트폰 초기화해서 팔면 안 돼?

이철벽 물론 그 정도만 해도 아마 큰 문제는 생기지 않을 거야. 내가 최고의 과학자라 메모지 한 장이라도 모두 없애버려야 하는 사람은 아니어서 그냥 살아도 되지만, 소중한 개인정보는 조금만 작업하면 복원이 가능하니 조심하면 좋지 않을까?

한 백신회사에서 무작위로 구한 안드로이드 스마트폰 20대의 데이터 복원을 시도했는데, 4만 장 이상의 사진, 아이가 포함된 가족사진 1500장, 다양한 수위의 노출사진 1000여장, 이메일과 문자 다수를 복원해 냈다고 해. 그런데 문제는 해당 스마트폰이 공장초기화를 했다는 점이지.

김미란 겨우 20대를 복원했는데 그렇게 많은 데이터가 발견됐다는 거야? 그것도 공장초기화까지 했는데 사진, 메일 등을 복구할 수 있어? 설마.

이철벽 사실이야. 컴퓨터에서는 자료를 삭제할 때, 그 파일을 찾아 갈 수 있는 경로를 지운다고 해야 할까? 그래서 그 경로를 복원할 수 있는 방법이 있어.

김미란 에이, 그건 컴퓨터에서는 가능하겠지. 스마트폰 자료를 어떻게 찾아?

이철벽 스마트폰도 컴퓨터인 거 몰라? 스마트폰 내부에 들어가면 모두 리눅스 기반으로 움직이고 있어.

김미란 그렇구나. 그럼 어떻게 해야 해?

이철벽 자료를 삭제하는데 수동 삭제, 공장초기화, 서비스센터에 가서 초기화 등의 방법이 있는데, 일단 자료를 완전 삭제할 수 있는 앱을 설치해서 자료를 지운 다음, 운영체계 차원의 공장초기화를 최소 3회 이상은 진행해야 자료를 복구하기 어려워져. 스마트폰에서 사용한 SD카드는 빼고 판매를 해야 해. 조금 더 불안하면 서비스센터를 찾아서 자료를 완전 삭제해 달라고 하는 편이 바람직해.

김미란 많이 복잡한 거 같아.

이철벽 그래도 내 정보를 지키기 위해서는 반드시 실행하거나 아니면 스마트폰을 중고로 팔지 말고 망치로 두어 번 쳐서 사용하지 못하게 한 다음 버려야 해.

김미란 그러기엔 스마트폰이 너무 아깝지.

이철벽 참, 하나 더! 요즘 스마트폰 뿐만 아니라 노트북, PC 등도 중고로 거래를 많이 하는데, 하드디스크 역시 같은 방법으로 처리해야 돼. 스마트폰에는 개인적인 사진, 동영상과 연락처가 많이 발견되는데, 컴퓨터에서는 개인적인 문서, 사진 등이 많이 발견되고, 인증서처럼 금융거래를 위한 자료, 보안카드를 사진으로 찍어 놓거나 스캔 받아놓은 것, 신분증 사진 등 개인의 자료들이 너무 많은데, 그냥 포맷만 해서 버리거든. 기업의 경우 리스를 받아 사용하다가 반납할 때 포맷도 하지 않아서 기업의 기밀자료들이 외부로 많이 노출되고 있어. 하드디스크는 그냥 디가우저 같은 것으로 완전히 사용하지 못하게 한 뒤 버리는 편이 가장 안전해. 하드디스크를 중고로 팔아봐야 얼마되진 않지만, 기밀자료가 외부로 빠져 나가게 되면 기업에게는 치명적이거든.

✔ 그림 4-16 하드디스크를 완전히 초기화할 수 있는 디가우저

김미란 그렇구나. 그럼 내 스마트폰 오빠가 완전하게 삭제해줘.

이철벽 어, 알았어. 내가 집에 가서 깨끗하게 포맷하고 돌려줄게.

미란이가 슬쩍 웃으면서 말했다.

김미란 아니야. 지금 여기서 해줘. 혹시 오빠가 내 자료를 볼 수도 있잖아. 그렇지?

이철벽 나를 못 믿는 거야?

김미란 당연히 오빠를 믿지만, 오빠의 호기심은 못 믿겠어.

이 대리는 어쩔 수 없이 미란이의 스마트폰 정리를 했다. 못내 아쉬운 표정이다.

이철벽 참, 미란아, 마 부장님이 8월에 있을 사내 보안교육 강사를 맡아 달라고 말씀하셨어. 솔직히 아직은 조금 모자란 생각이 드는데 그 일을 맡아서 하는 게 맞을까?

김미란 좋은 기회라고 생각되는데?

이철벽 나도 좋은 기회라는 생각은 드는데, 쟁쟁한 사람들을 많이 보다 보니 살짝 주눅이 드는 것 같아. 그래도 해 봐야겠지?

김미란 용기를 내. 처음에 보안 배울 때에는 아무것도 몰랐지만, 이젠 스스로 자료 찾아보면서 공부할 수 있잖아. 강의 자료 만들어서 나한테 여러 번 연습한 뒤에 강연하면 반응이 좋을 거야.

이철벽 그래, 미란아. 열심히 준비해서 사내 강사로 데뷔해 보자고.

김미란 잘 할 거야. 그리고 이건 격려차원에서 내가 주는 선물이야.

미란이는 자리에서 일어나 이 대리의 볼에 뽀뽀를 해 줬다. 이 대리는 그런 미란이를 그윽한 눈으로 바라보면서 손을 잡았다.

---

1. (확실한 방법) 스마트폰을 암호화한 뒤 공장초기화를 한다.

   1단계: 데이터 삭제 전에 보관할 필요가 있는 데이터 백업

   2단계: (안드로이드폰의 경우) 기기 암호화

   (안드로이드 6.0 이상은 기본으로 암호화가 설정돼 있으며, 5.0 이상은 기기암호화를 선택할 수 있다. 아이폰의 경우에는 대부분 암호화돼 있다.)

   3단계: 공장초기화(안드로이드폰의 경우 보통, 설정 → 개인설정 → 백업 및 초기화 → 초기화)

2. (조금 덜 확실한 방법) 공장초기화 후 시큐어 불도저(Secure Bulldozer), 에스브러시(S-Brush), 컴플릿 와이프(Complete Wipe) 등 데이터 삭제 전문 앱을 통해 데이터를 완전히 삭제한다.

✔ 표 4-5 안전한 스마트폰 처리법

한 밤에 울린 문자

이 대리는 간만에 출근길이 가벼웠다. 마 부장이 며칠 전에 물어본 사내 강사를 하겠다고 마음을 먹고, 어제는 저녁에 어떤 내용으로 강의를 해야 할지 구상도 했다. 사무실 문을 힘차게 열고 들어가는 순간, 사무실에서 느껴지는 이상한 기류가 있었다.

이철벽 뭐지?

한쪽에서 자유 씨가 스마트폰을 들고 먼저 출근한 마 부장에게 설명하고 있었다.

권자유 새벽에 외국에서 카드 결제를 했다는 문자가 왔어요. 이거 어떻게 해야 되나요?

마관리 글쎄 난 그런 적이 없어서 모르겠네.

마 부장은 방금 들어온 이 대리를 보자마자 손짓을 했다.

마관리 이 대리, 이리 좀 와보게. 오늘 새벽에 자유 씨에게 카드 결제 문자가 왔는데, 외국에서 결제한 거래. 이거 카드가 도용된 거 같은데 자유 씨 좀 도와주게.

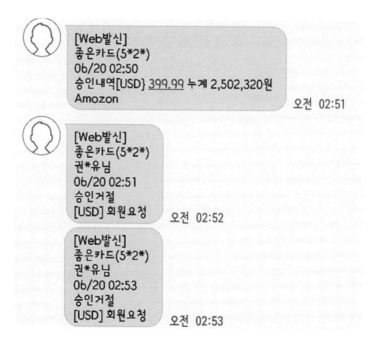

✔ 그림 4-17 해외에서 결제된 문자

이 대리는 가방을 책상에 놓고 마 부장과 자유 씨가 있는 곳으로 향했다. 가까이 다가서니 자유 씨가 스마트폰을 내민다.

권자유 오늘 새벽에 외국에서 결제를 시도해서 처음에는 성공했고, 두 번째, 세 번째는 결제 승인이 안 났어요.

화면을 본 이 대리는 어디선가 신용카드 정보가 유출됐음을 알았다.

이철벽 자유 씨, 혹시 최근에 외국에 나가신 적 있나요?

권자유 네. 지난 달에 휴가를 내서 태국에 다녀왔잖아요. 초콜릿도 사다 드렸는데, 기억 안 나세요?

이철벽 맞다. 그랬죠. 그때 혹시 카드를 사용한 적이 있나요?

권자유 네. 음식점에서 한 번 사용했어요.

이철벽 그럼 태국에서 카드 정보가 유출된 것 같습니다. 일단 급한 것은 카드사에 전화해서 카드가 불법적으로 사용됐다는 사실을 알려야 해요. 그리고 가까운 편의점 같은 곳에서 물건을 사서 현재 한국에 있다는 점을 증명하는 것이 필요해요.

권자유 카드사에 전화하는 것은 이해하겠는데, 편의점에서 왜 물건을 사야 하나요?

이철벽 꼭 편의점일 필요는 없는데요, 이 카드가 현재 한국에 있다는 점을 증명하는 거죠. 이 카드는 현재 한국에 있는데, 어제 결제된 새벽 3시에 외국에 있었다는 것이 물리적으로 불가능하잖아요. 내 위치를 증명하면 카드 정보가 유출돼 불법적으로 사용됐음을 증명하기 쉽지 않겠어요?

이 대리는 스마트폰을 자유 씨에게 건넸다.

권자유 이 대리님, 저랑 같이 편의점에 가요. 제가 커피 한 잔 살게요.

이철벽 네, 그러시죠.

이 대리와 자유는 전산실 문을 나섰다. 자유는 해당 카드사에 전화를 걸어 자초지정을 얘기하기 시작했다. 상담원은 해당 결제 내역이 불법적으로 사용된 것 같다면서 조사 후 연락을 주겠다는 얘기를 했다. 그리고 상담원은 가까운 곳에서 결제해서 영수증을 챙겨 놓으라는 얘기를 했다.

권자유 상담원이 이 대리님의 말씀과 똑같은 얘기를 하네요.

편의점에 들어온 이 대리와 자유는 음료수를 골라서 계산을 하고, 평소에 받지 않고 버리던 영수증을 챙겼다.

권자유 그런데 이 대리님. 처음 것은 결제가 됐는데, 두 번째, 세 번째 시도는 왜 승인 거절됐을까요?

이철벽 아! 그건 은행에서 사용하는 사기방지시스템^{FDS 02} 때문에 그런 거에요. 사기방지시스템은 지역적으로 불가능한 곳에서 결제가 되거나, 여성이 잘 가지 않는 유흥주점에서 큰 금액을 결제하거나, 평소의 생활 패턴과 급격하게 차이가 났을 때 실제로 카드 사용 여부를 확인한 뒤 결제하는 것인데요. 자유 씨의 경우에는 전날까지 한국에서 사용된 카드가 짧은 시간에 외국에서 사용됐기 때문에 사기방지시스템에서 '이상 거래'로 생각해서 두 번째 승인을 거절한 것이지요.

권자유 그런 시스템이 있었어요?

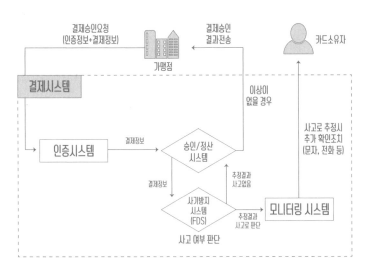

✓ 그림 4-18 사기방지시스템(FDS) 흐름도

---

02 사기방지시스템(FDS): 전자금융거래 시 단말기 정보와 접속 정보, 거래 정보 등을 수집하고 분석해 사기 행위로 의심되는 거래를 탐지하고 차단하는 시스템. 주로 은행, 보험, 카드 등의 금융 회사에서 많이 사용하고 있으며 최근 핀테크가 급속도로 발전하면서 온라인 금융 거래의 안전성 강화 측면에서 주목받고 있다.

이철벽 실제로 동남아, 유럽 등지에서 카드 복사가 자주 일어나는 편이고, 카드 분실 같은 금융사고가 자주 일어나니 금융권에서도 그 대비책이 있어야겠지요.

권자유 그럼 카드 복사를 하는 경우를 어떻게 하면 막을 수 있을까요?

이철벽 혹시 태국에 갔을 때 종업원이 카드를 가져가서 결제하지 않았나요?

권자유 맞아요. 제가 카드를 종업원에게 건네주고, 카운터에 가서 결제한 다음 카드를 갖다 줬어요.

이철벽 그랬을 거예요. 카드는 반드시 눈 앞에서 결제하도록 해야 하고, ATM기는 은행 안에 있는 기계를 이용하는 것이 좋아요. 해외여행을 다녀온 뒤에는 카드를 재발급받는 것이 좋고, 카드로 결제한 경우에는 영수증을 챙겨 놓는 것이 필요해요. 그런데 요즘은 해외직구를 할 때도 카드정보가 유출되는 경우가 있어요. 해외직구를 할 때는 유명한 사이트를 이용해 쇼핑하는 것이 좋겠어요.

권자유 알겠어요. 이 대리님. 다음 달에 해외에 나갈 때는 꼭 그렇게 해야겠어요?

이철벽 또 해외에 나가세요?

권자유 네. 가끔 바람 쐬러 외국에 나가는 편이에요.

이철벽 혼자 가세요?

권자유 네. 외로울 때도 있지만 누군가에게 얽매이기 싫어요.

이 대리는 자유의 얼굴을 바라보았다. 사람은 저마다의 가치를 갖고 있지만 가끔 자유의 자유로움을 이해하기 힘들 때도 있다.

이철벽 뭐 어때? 행복하면 됐지.

이 대리는 자유의 행복을 빌었다. 아울러 자유에게 소개받은 미란이와의 행복을 빌었다.

이 대리와 자유는 사무실로 돌아왔다.

이철벽 참, 요즘 우리나라 ATM기에서도 복제기가 발견됐어요. ATM에는 복제기가 달려있고, ATM 천장에는 몰카가 장치돼 있어서 비밀번호 입력하는 장면을 녹화해서 현금을 인출하려 했던 사례가 있다고 들었어요.

권자유 이 대리님, 오늘 고마웠어요.

이철벽 네. 자유 씨. 음료수 잘 마실게요.

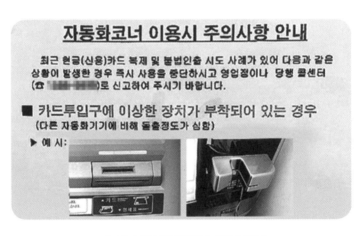

✓ 그림 4-19 카드 복제기가 설치된 ATM

사무실로 돌아온 이 대리는 마 부장을 찾았다.

이철벽 부장님!

마관리 어, 이 대리. 여기 앉게.

이 대리는 마 부장 옆 의자에 앉았다.

이철벽 지난번에 말씀하신 사내 강사에 대해 생각해 봤는데, 저한테 좋은 기회가 될 것 같습니다. 잘 준비하도록 하겠습니다.

마관리 그래, 이 대리. 잘 준비해서 좋은 강의 부탁하겠네.

이철벽 알겠습니다.

이 대리는 자리로 돌아와서 최근 보안 동향과 직원들이 가장 궁금해 할 내용이 뭘까 고민하기 시작했다.

1. 카드는 꼭 본인 앞에서 결제하게 해야한다
2. 은행 안의 ATM을 이용하는 것이 안전하다
3. 하루에 사용할 수 있는 카드 한도를 정해 놓는다.
4. 해외 여행 후 카드를 재발급 받는 것이 안전하다.
5. 카드 결제 후 영수증을 꼭 받는다. 증빙자료로 쓸 수 있다.

✓ 표 4-6 해외에서 카드 불법 사용 예방법

에필로그

"이제까지 PC 보안, 인터넷 보안, 개인정보보호, 모바일 보안 4가지에 대해 중점적으로 살펴봤습니다. 강의 내내 강조했듯이 가장 중요한 것은 '보안'에 대한 우리들의 생각입니다. '나와는 상관없겠지?', '보안은 기술자들만 하는 것 아냐?', '내가 털릴 거나 있겠어!'라는 생각을 할 수도 있습니다. 그러나 우리의 모든 생활은 이제 보안과는 떨어질래야 떨어질 수 없는 상황에 이르렀습니다. 지금 인터넷이 없는 세상이 상상이 되십니까? 스마트폰이 없는 세상을 상상해 보십시오. 인터넷이 보편화된 지 20년, 스마트폰이 보편화된 지는 고작 10년이 되질 않았습니다. 그러나 인터넷과 스마트폰은 우리의 삶을 편리하고 풍요롭게 만들어주었습니다만, 관리를 잘못했을 때 우리의 정보가 유출되는 사례를 보아왔습니다. 그러나 앞으로는 단지 우리의 정보가 유출되는 것뿐만 아니라, 생명까지 위태로울 수도 있습니다."

"우리가 타고 다니는 자동차는 화석연료엔진에서 전기자동차로 변화하고, 주변의 환경을 인식해 스스로 움직이는 자율주행차로 발전하고 있습니다. 자동차가 가전기기가 되어가고 있습니다. 그럼 자동차의 운영체계[05]를 해킹하게 된다면 어떻게 될까요? 이 동영상을 보십시오.

외부에서 해킹된 자동차가 운전자의 의지와는 다르게 움직여서 사고를 유발시킬 수 있다는 것이 실증적으로 검증됐습니다. 그럼 어떻게 해야 할까요? 우리의 자동차 운영체계와 소프트웨어의 버그를 수정한 패치프로그램을 잘 설치해 준다면 아무래도 해킹 당할 가능성이 줄어들겠지요? 또 여기를 보십시오."

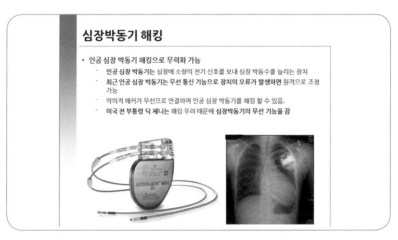

왼쪽 그림 출처: https://www.hkn24.com/news/articleView.html?idxno=142526
오른쪽 그림 출처: http://m.blog.naver.com/sejong1982/100200538594

"이 기기는 인공 심장 박동기입니다. 심장기능이 약한 분들이 사용하는 기기인데요. 심장이 규칙적으로 박동하지 않거나 천천히 뛸 때 전기 자극을 주는 기기로, 이게 인터넷을 통해 연결이 가능합니다. 그럼 외부에서 기기의 기능을 꺼버리게 되거나 오동작하게 만들면 어떻게 될까요? 해킹을 당한 환자는 생명이 위태로울 수 있습니다."

이 대리는 연단에서 좌중을 훑어 보았다. 해킹으로 인해 자동차사고가 나고 생명이 위태로울 수 있다는 말을 들은 청중들은 다소 웅성거렸다.

"마지막입니다. 이걸 보시지요. 2017년에 발표된 신문기사입니다. 요즘 제4차 산업혁명과 인공지능 덕분에 로봇에 대한 관심이 높아지고 있습니다. 대부분의 경우 로봇 자체는 인간을 공격하도록 프로그램하지 않습니다. 왜냐하면 로봇의 행동 원칙에 대해 정의를 내린 러시아 과학자 아이작 아시모프Isaac Asimov의 로봇 3원칙을 철저히 따른다면 인간은 로봇으로부터 안전할 것입니다.

물론 미국과 이스라엘 등에서는 전투용 로봇을 만들고 있기는 하지만, 그걸 예외로 하면 대부분의 로봇은 인간을 위해서 일할 겁니다. 그런데 로봇이 해킹된다면 어떻게 될까요? 프로그램된 동작을 수행하지 않고 오동작하고, 의도적으로 변경된 프로그램을 통해 사람을 공격할 수도 있을 겁니다.

그래서 이제까지는 보안에 대해 등안시하면 그냥 조금 불편하게 되고, 금전적인 손실을 입을 가능성이 높아질 뿐이지만, 지금부터 보안적인 생활을 하지 않는다면 생명이 위태로울 수도 있는 겁니다. 생각하시는 대로 상당 부분은 기업이 지켜주겠죠. 하지만 최종적인 책임은 본인에게 있다는 사실을 명심하고, 보안에 철저한 생활을 이어가시길 부탁드리겠습니다."

이 대리는 강의를 마쳤다. 첫 강의치고는 사람들의 반응이 좋았다. 열심히 준비한 이 대리는 이마에 흐르는 땀을 닦으며 마무리 발언을 했다.

"오랜 시간 강의를 들어주셔서 감사합니다."

제일 뒤에서 강연을 들은 박 과장은 청중들이 자리를 빠져나가자 연단으로 향했다.

이철벽 박 과장님 오셨어요?

박 과장을 본 이 대리는 인사를 했다.

이철벽 떨려서 혼났습니다.

박보안 잘하던데 뭐. 뭐든 처음이 있으니까 앞으로 점점 좋아지겠지. 오늘 강사로 데뷔했는데, 저녁에 삼겹살 파티 어때?

이철벽 좋지요.

이 대리와 박 과장은 연단을 정리하고 강의실을 나왔다.

찾아보기

에이콘출판의 기틀을 마련하신 故 정완재 선생님 (1935-2004)

나를 지키는 셀프 보안

초보 이대리의 보안 성장기

발 행 | 2017년 9월 27일

지은이 | 이 창 현

펴낸이 | 권 성 준
편집장 | 황 영 주
편 집 | 양 아 영
　　　　조 유 나

에이콘출판주식회사
서울특별시 양천구 국회대로 287 (목동)
전화 02-2653-7600, 팩스 02-2653-0433
www.acornpub.co.kr / editor@acornpub.co.kr

한국어판 ⓒ 에이콘출판주식회사, 2017, Printed in Korea.
ISBN 979-11-6175-049-1
ISBN 978-89-6077-104-8 (세트)
http://www.acornpub.co.kr/book/self-security-starter

이 도서의 국립중앙도서관 출판시도서목록(CIP)은 서지정보유통지원시스템 홈페이지(http://seoji.nl.go.kr)와 국가자료공동목록시스템(http://www.nl.go.kr/kolisnet)에서 이용하실 수 있습니다.(CIP제어번호: CIP2017024558)

책값은 뒤표지에 있습니다.